中国古代教育智慧
ZHONGGUOGUDAIJIAOYUZHIHUI

孝经
的教育智慧

刘枫 著

中国商业出版社

图书在版编目（CIP）数据

孝经的教育智慧 / 刘枫著. -- 北京：中国商业出版社，2018.7

ISBN 978-7-5208-0474-5

Ⅰ.①孝… Ⅱ.①刘… Ⅲ.①《孝经》—研究②教育思想—研究—中国—古代 Ⅳ.① B823.1 ② G40-092.2

中国版本图书馆 CIP 数据核字（2018）第 150191 号

责任编辑：王彦

中国商业出版社出版发行
010-63033100 www.c-cbook.com
（100053 北京广安门内报国寺 1 号）
新华书店经销
天津兴湘印务有限责任公司
* * * * *
710 毫米 ×1000 毫米　1/16 开　10.5 印张　110 千字
2018 年 12 月第 1 版　2018 年 12 月第 1 次印刷

定价：35.00 元
* * * * *
（如有印装质量问题可更换）

目 录

第一部分 《孝经》的教育思想 1
  一、《孝经》的作者 3
  二、《孝经》的教育思想 7
    （一）核心儒学 7
    （二）孝的作用与范畴 8

第二部分 《孝经》的教育智慧 9
  一、《孝经》的章节结构 11
  二、《孝经》的书题主旨 13
  三、对古代教育的影响 19
    （一）《孝经》在汉代的突出地位 19
    （二）魏晋南北朝时期的《孝经》 20
    （三）隋唐君谕传《孝经》 20
    （四）宋代《孝经》归入"十三经" 21
    （五）金元借鉴《孝经》，用以治政 21
    （六）明清《孝经》纳入蒙学教材 21

第三部分 《孝经》选编 23
  开宗明义章 第一 25

故事：徐庶至孝至忠 ………………………………… 28

天子章 第二 …………………………………………… 30
    故事：孙权孝顺吴国太，由此得名"孝子菜" … 32

诸侯章 第三 …………………………………………… 34
    故事：张俭选布 …………………………………… 36

卿大夫章 第四 ………………………………………… 38
    故事：孟子遵循礼仪 ……………………………… 41

士章 第五 ……………………………………………… 42
    故事：唐太宗感于得忠臣 ………………………… 44

庶人章 第六 …………………………………………… 46
    故事：忠孝双全沈云英 …………………………… 47

三才章 第七 …………………………………………… 49
    故事：杜环敬老 …………………………………… 52

孝治章 第八 …………………………………………… 55
    故事：长孙皇后至诚至孝 ………………………… 57

圣治章 第九 …………………………………………… 59
    故事：清明节的传说 ……………………………… 64

纪孝行章 第十 ………………………………………… 66
    故事：曾子曾元"孝"不同 ……………………… 69

五刑章 第十一 ………………………………………… 71
    故事：钱氏孝心全家免疫 ………………………… 73

广要道章 第十二 ……………………………………… 74
    故事：刘琎束带 …………………………………… 77

广至德章 第十三 ……………………………………… 79
    故事：朱元璋教子 ………………………………… 80

广扬名章 第十四 ……………………………………… 82
    故事：袁安卧雪 …………………………………… 83

谏诤章 第十五 ·· 85
　　故事：海瑞抬棺上疏 ······································ 88
感应章 第十六 ·· 90
　　故事：李密上表辞官孝祖母 ······························ 92
事君章 第十七 ·· 94
　　故事：邹忌讽齐王纳谏 ···································· 95
丧亲章 第十八 ·· 97
　　故事：滕文公——孝的表率 ···························· 102

第四部分 《劝学歌》选编 ································ 105
　一、劝孝歌 ·· 107
　二、劝报亲恩篇 ·· 110
　三、劝报亲恩篇 ·· 112
　四、劝报亲恩篇 ·· 114
　五、劝报亲恩篇 ·· 117
　六、劝报亲恩篇 ·· 118

第五部分 《二十四孝》选编 ···························· 119
　一、孝感动天 ··· 121
　二、戏彩娱亲 ··· 123
　三、鹿乳奉亲 ··· 125
　四、为亲负米 ··· 127
　五、啮指心痛 ··· 129
　六、单衣顺母 ··· 131
　七、亲尝汤药 ··· 133
　八、拾葚供亲 ··· 135
　九、卖身葬父 ··· 137

十、刻木事亲 ································ 139

十一、涌泉跃鲤 ······························ 141

十二、杯桔遗亲 ······························ 142

十三、扇枕温衾 ······························ 144

十四、行佣供母 ······························ 146

十五、闻雷泣墓 ······························ 147

十六、哭竹生笋 ······························ 148

十七、卧冰求鲤 ······························ 150

十八、扼虎救父 ······························ 152

十九、恣蚊饱血 ······························ 154

二十、尝粪心忧 ······························ 155

二十一、乳姑不怠 ···························· 156

二十二、涤亲溺器 ···························· 158

二十三、弃官寻母 ···························· 160

第一部分 《孝经》的教育思想

《孝经》的教育智慧

一、《孝经》的作者

据传，中国古代儒家的伦理学著作《孝经》是出自孔子故居的墙壁藏书。而孔壁藏书相传为孔子裔孙孔鲋于秦末时所藏，汉武帝时鲁恭王扩建宫舍，推倒孔子故居墙壁时才发现了它。所以，有人认为《孝经》是孔子所作。但南宋时有人怀疑是后人附会。清代纪昀在《四库全书总目》中指出，该书是孔子"七十子之徒之遗言"，成书于秦汉之际。所以，关于《孝经》的作者历来都是众说纷纭，颇有争议。按年代先后有以下不同的说法。

（一）"孔子说"

汉代学者班固的《汉书·艺文志》和刘歆的《七略》中都有这样的记载，"《孝经》者，孔子为曾子陈孝道也。"在这之后，郑玄的《六艺论》、东汉纬书的《孝经纬钩命诀》等都坚持这种说法。《援神契》甚至肯定地说："孔子制作《孝经》，使七十二子向北辰磬折。"但根据对古代礼节的考证，这种说法一定是错误的。《孝经》中曾参被称为曾子，而"子"在古代是对有学问的男人的尊称，一般用来称呼自己的老师，如果作者是孔子，他称曾参为曾子就是不合礼节的，孔子不可能称自己的学生曾参为曾子。《孝经》里的思想明显融汇了《左传》《孟子》《荀子》中关于孝义的观点，同时《孝经》与《论语》中论孝

孔子

孔子（前551年—前479年），名丘，字仲尼，春秋末期鲁国陬邑人。他是我国古代著名的思想家、教育家、儒家学派创始人。相传其有弟子三千，贤弟子七十二人。孔子一生修《诗》《书》、定《礼》《乐》、序《周易》、作《春秋》，其思想及学说对后世产生了极其深远的影响。

· 3 ·

中国古代教育智慧

朱彝尊作品

朱彝尊（1629年—1709年），中国清代词人、学者。字锡鬯，晚号小长芦钓鱼师，又号金风亭长。康熙十八年（1679年）举博学鸿词，以布衣授翰林院检讨，入直南书房，曾参加纂修《明史》。

的观点又不相融合，甚至有相矛盾的地方。所以，此说基本上被否定了。

（二）"曾子说"

《史记·仲尼弟子列传》中记载："曾参，南武城人，字子舆，少孔子四十六岁。孔子以为能通孝道，故授之业，作《孝经》。"这种说法在汉代是成立的，而到两晋时期开始有人怀疑观点的正确性。陶潜在《五孝传》中说："至德要道，莫不于孝，是以曾参受而书之。游、夏之徒，常咨禀焉。"这种说法有很多漏洞，如果是曾参作的《孝经》，则不可能自称为"曾子"。在《礼记》和《大戴礼记》中记载的曾参论孝的观点与《孝经》中的观点也多有矛盾和抵触之处。比如，《孝经》主张"父有争子"，认为子盲目遵从父之不义之令未必是孝，而《大戴礼记·曾子事父母上》则说："父母之行，中道则从。若不中道，则谏。谏而不用，行之如由己。从而不谏，非孝也；谏而不从，亦非孝也。孝子之谏，达善而不争辩。争辩者，乱之所由兴也。"还有，《孝经》中也有《荀子》和《孟子》的思想痕迹，孟子和荀子生活的年代均在曾参之后，这在时间上是说不通的。

（三）"曾子门人说"

朱彝尊《经义考》卷二中说："《孝经》非曾子所自为也，曾子问孝于仲尼，退而与门弟子言之，门弟子类而成书。"后又引晁公武说云："今首章云'仲尼居'则非孔子所著矣，当是曾子弟子所为书"。朱熹在《孝经刊误》中也说："《孝经》，夫子、曾子问答之言，而曾子门人记之"。这种说法是比较符合实际的，"曾子门人"可以说是一传弟子，也可以说是再传弟子。这样，时间也可以延至战国后期。但是这种说法至今还没有用以佐证的有力之辞。

据著名语言学家杨伯峻考证，《孝经》的成书年代大致在《吕氏春秋》之前，而又在《孟子》《荀子》二书流行之后。杨伯峻认为："孟轲约死于公元前285年，荀况约生于公元前313年，与秦始皇即位相隔不久，又在吕不韦集门客著书前，《吕氏春秋》著书开始于公元前240年，成于公元前239年，仅历二年而成，此时《孝经》自亦在取材之中。《孝经》之作，当在公元前三世纪期间。"《吕氏春秋》中的《孝行》《察微》二篇均引用过《孝经》里的句子。因此，《四库全书总目》说："蔡邕《明堂》引魏文侯《孝经传》，《吕览·察微篇》亦引《孝经·诸侯章》，则其来古矣。"儒家经典如五经之《易》《尚书》《春秋》等，在先秦均不称"经"，只有《孝经》在书名内有"经"字。因此，《孝经》是儒典中称"经"最早的一部。学者胡平生则依据《儒家者言》《公羊昭公十九年传》《礼记·祭义》《礼记·檀弓》《吕氏春秋·孝行览》等史料的记载，初步推断为乐正子春的弟子所处的时代当与孟子相合。根据乐正子春与

《孝经》的教育智慧

朱熹

朱熹（1130年—1200年），字元晦，号晦庵，别号紫阳，六十岁以后自称晦翁。南宋著名哲学家、教育家。他是先秦以来儒家系统中著名的代表人物之一，也是我国封建社会后期在文化思想领域中影响较大的一位思想家，宋明理学最突出的代表。

中国古代教育智慧

曾子

《孝经》的关系，其师承与《孝经》所记孔子、曾子言论相吻合，所处时代与《孝经》所反映的时代特征也相吻合。据此可以认为，《孝经》应该是战国晚期乐正子春的弟子或再传弟子所记录、阐述师说的著作。这种说法大体上是可信的。

曾子（前505年—前436年），姓曾，名参，字子舆。十六岁拜孔子为师，他勤奋好学，颇得孔子真传，积极推行儒家主张，传播儒家思想。孔子的孙子子思师从曾子，子思又传授给了孟子。因此，曾参是孔子学说的主要继承人和传播者，在儒家文化中居有承上启下的重要地位。其与孔子、孟子、颜子、子思共称为五大圣人。

二、《孝经》的教育思想

《孝经》在中国教育思想史上是不容忽视的，尤其是在西汉时期，统治者推崇"以孝治天下"，《孝经》也成为人们修身养性的官定"教材"。

（一）核心儒学

《孝经》是中国古代儒家的伦理学著作。这部著作以孝为中心，比较集中地阐发了儒家的伦理思想。它肯定"孝"是上天所定的规范，"夫孝，天之经也，地之义也，人之行也。"书中指出，孝是诸德之本，"人之行，莫大于孝"，国君可以用孝治理国家，臣民能够用孝立身理家、保持爵禄。孝是诸德之本，"人之行，莫大于孝"。

《孝经》在中国伦理思想中首次将孝亲与忠君联系起来，认为"忠"是"孝"的发展和扩大，并把"孝"的社会作用绝对化、神秘化，认为"孝悌之至"就能够"通于神明，光于四海，无所不通"。《孝经》还把封建道德规范与封建刑罚联系了起来，认为"五刑之属三千，而罪莫大于不孝"。提出要借用国家法律的权威，维护封建的宗法等级关系和道德秩序。

《孝经》对实行"孝"的要求和方法也做了系统而繁琐的规定。它主张把"孝"贯穿于人的一切行为之中，"身体发肤，受之父母，

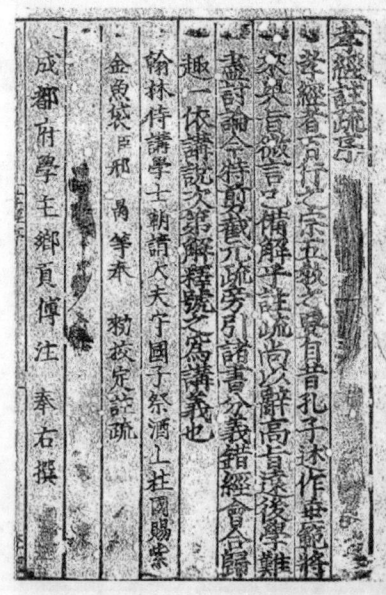

孝经注疏序

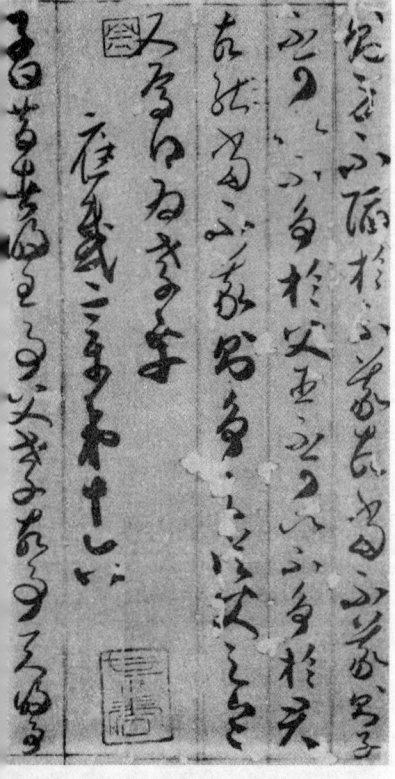

《孝经》书法

不敢毁伤",是孝之始;"立身行道,扬名于后世,以显父母",是孝之终。它把维护宗法等级关系与为封建专制君主服务联系起来,主张"孝"要"始于事亲,中于事君,终于立身",并按照父亲的生老病死等生命过程提出了"孝"的具体要求:"居则致其敬,养则致其乐,病则致其忧,丧则致其哀,祭则致其严"。

(二)孝的作用与范畴

《孝经》把封建道德规范与封建刑罚联系起来,认为"五刑之属三千,而罪莫大于不孝"。其论述的是封建孝道和孝治思想,讲的是"孝",是"广敬博爱",体现的是中华民族优良的道德准则。

《孝经》全书更多的是将"孝"这一伦理范畴同政治紧密联系起来,甚至有时还将"孝"与政治等同起来,表现出了伦理政治一体化的倾向。正是由于《孝经》的这一倾向,使之具有了维护社会、化民成俗的政治功能,而非单纯的伦理道德功能。因此,《孝经》受到了历代统治者的重视。在中国教育史上,《孝经》具有其他典籍所不能取代的特殊地位。它既是最重要的经典文献,同时也是最普及的社会通俗读物和蒙学教材;既被看作是人伦百行的纲纪,又被当作科举进身的阶梯,其影响较为深远。

第二部分 《孝经》的教育智慧

自唐代以后，《孝经》在漫长的封建社会中长期被看作是"孔子述作，垂范将来"的经典，对传播和维护封建纲常起到了很大作用。

一、《孝经》的章节结构

《孝经》主要有今文《孝经》和古文《孝经》两种版本。古文《孝经》在秦始皇焚书时，与其他儒典同遭厄运。今文《孝经》据传出自汉初，为河间人颜芝原所藏，因为是用通行的隶书字体书写的，所以称为今文《孝经》。现在流行的版本是唐玄宗李隆基注，宋代邢昺疏。《汉书·艺文志》中记载："《孝经》一篇，十八章"，郑玄为之作注。全书以孔子与曾子之间的问答方式阐发孝治思想。第一章为开宗明义章，是全文的主旨。"夫孝，德之本也，孝之所由生也。""身体发肤，受之父母，不敢毁伤，孝之始也。立身行道，扬名于后世，以显父母，孝之终也。夫孝，始于事亲，中于事君，终于立身。"第二章至第六章分别为天子章、诸侯章、卿大夫章、士章和庶人章，从社会人群的角度，分别规定了不同等级身份的人应该遵守的孝道标准。第七章为三才章，从天理、人性和社会的角度论述了孝的地位和作用，"夫孝，天之经也，地之义也，民之行也。天地之经，而民是则之；则天之明，因地之利，以利天下，是以其教不肃而成，其政不严而治。"第八章为孝治章，以君

郑玄

郑玄（127年—200年），字康成，北海高密（今山东高密西南）人。东汉儒家学者，中国著名经学家之一。郑玄先学今文经学，后习古文经学，网罗众家，通融为一，成为汉代最大的"通儒"，是两汉经学之集大成者。其经学成就及由其学术而形成的学派，后世称之为"郑学""通学"或"综合学派"。

中国古代教育智慧

孝经鼎

王为陈述对象来讲述如何以孝治天下。第九章为圣治章，讲的是圣人应该如何用孝道教化百姓。第十章为纪孝行章，讲孝子应如何孝敬父母。第十一章为五刑章，阐述了不孝为诸罪之首的观点。第十二章为广要道章，讲的是"孝"为什么重要的道理。第十三章为广至德章，讲的是孝为什么是最高的德行。第十四章为广扬名章，讲的是孝道与扬名后世的关系。第十五章为谏诤章，讲的是父母有了过错的时候，孝子应该怎么办的问题。第十六章为感应章，讲的是孝道与神明的关系，孝道达到极点就可以感应神明。第十七章为事君章，讲的是孝子与事君的关系，孝子事上，"进思尽忠，退思补过"。第十八章为丧亲章，讲的是父母去世的时候孝子应该怎么办。

二、《孝经》的书题主旨

近代曾有人为《孝经》编制了一个"系统图",比较简明地反映了《孝经》中的思想结构。比如,在《开宗明义章第一》中指出了《孝经》的教育思想依据:"夫孝,德之本也,教之所由生也",将"孝"作为对人的道德教化的根据。《孝经》指出:"天地之性人为贵。人之行,莫大于孝,孝莫大于严父,严父莫大于配天,则周公其人也。……夫圣人之德,又何以加于孝乎?故亲生之膝下,以养父母日严,圣人因严以教敬,因亲以教爱,圣人之教不肃而成,其政不严而治,其所因者,本也。父子之道,天性也,君臣之义也。"所谓"本",即是指的"德行之本",也就是指出"孝"为人之天性,为人性之本,行乎于内,父子之道也;行乎于外,君臣之义也。这种由"小我"之家向"大我"之国的"孝"道转换具有非常重要的行为典范作用,"君子之事亲孝,故忠可移于君;事兄悌,故顺可移于长;居家理,故治可移于官。是以行成于内,而名立于后世矣""君子之教以孝也,非家至而日见之也。教以孝,所以敬天下之为人父者也;教以悌,所以敬天下之为人兄者也;教以臣,所以敬天下之为人君者也。"孝之于母,爱也;孝之于父,敬也。敬也是明君垂治天下的一贯要道:"教民亲爱,莫善于孝;教民礼

《石台孝经》碑

《石台孝经》碑刻于唐天宝四年(745年),题额由当时的太子李亨用篆书写成"大唐开元天宝圣文神武皇帝注孝经台",碑石所刻内容即是"孝经"。碑文由唐玄宗李隆基为孝经作序和注释。因为整块碑石立于三层石台之上,所以取名为《石台孝经》,也称"孝经台"。

《孝经图》局部

顺,莫善于悌;移风易俗,莫善于乐;安上治民,莫善于礼。礼者,敬而已矣。故敬其父,则子悦;敬其兄,则弟悦;敬其君,则臣悦;敬一人,则千万人悦。所敬者寡,而悦者众,此之谓要道也。"倡导孝道,使其周流天下,自然能"民用和睦,上下无怨""天下和平,灾害不生,祸乱不作。"

在漫长的封建社会里,由于统治者的利用,《孝经》中许多具有进步意义和价值的内涵都被冲淡、曲解或被掩盖,因此有必要对其加以重新认识。孝是自然规律的体现,是人类行为的准则,是国家政治的根本。这是《孝经》的基本观点,也是全篇的基石。对于生活在家庭中的人来说,孝主要体现在事亲上,即对父母的奉养。那么,怎样奉养才算孝呢?"居则致其敬,养则致其乐,病则致其忧,丧则致其哀,祭则致其严。五者备矣,然后能事其亲。"(《纪孝行章》)"生事爱敬,死事哀戚。"(《丧亲章》)也就是要以爱敬之心奉养健在的父母,要以哀戚诚敬之心祭奉亡故的父母。子有爱敬之心,则父母乐;子有哀戚诚敬之心,则在天之灵安,这就是孝。

除了直接奉养父母以表爱敬之心外,作为个人,事亲者应具有怎样的修养和品行呢?首先,要保护好自己的身体,这是父母所给,不能损伤,即所谓"身体发肤,受之父母,不敢毁伤,孝之始也。"(《开宗明义章》)其次,要立身行道,树立自己的德行,以求扬名天下后世、光耀父母来体现孝的深旨，是"孝之终也"。再次，对待外人也要尊重，不能得罪，即"爱亲者不敢恶于人，敬亲者不敢慢于人。"（《天子章》）最后，要做到"居上不骄，为下不乱，在丑不争。"（《纪孝行章》）唯有这样才可以明哲保身，避免祸患。《孝经》告诫人们要珍惜生命，协调好自身与周围环境的关系。这也是对当时社会动荡、战乱频繁现实的一种含蓄反映。

有孝就有不孝。《孝经》倡导孝在一定意义上是针对不孝而言的。《孝经》所说的不孝主要包括：子对父只重视物质供养，而不重视亲情上的安慰，臣对君犯上作乱，骄横妄为，最终自身罹祸，即"居上而骄则亡，为下而乱则刑，在丑而争则兵。三者不除，虽日用三牲之养，犹为不孝也。"（《纪孝行章》）

《孝经》用辩证的观点，对孝的内涵做了更全面的阐发，使人对孝的理解更加深刻。人不仅是家庭之中的一部分，而且也是社会中的个体。那么社会中的孝如何体现呢？《孝经》针对不同地位、身份的人分别进行了论述。

(一) 天子之孝

要对自己的亲人恪尽孝道，还要推而广之，以此教育人民、规范天下。正如《天子章》所说："爱亲者，不敢恶于人；敬亲者，不敢慢于人。爱敬尽于事亲，而德教加于百姓，刑于四海，此天子之孝也"。

孝经碑刻

中国古代教育智慧

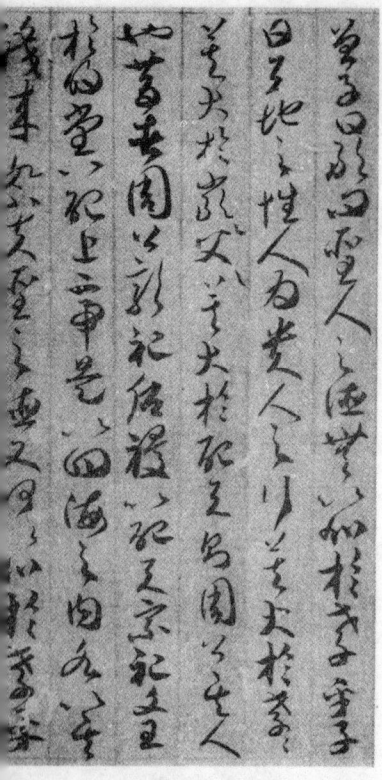

贺知章草书《孝经》

（二）诸侯之孝

《孝经》说："在上不骄，高而不危；制节谨度，满而不溢。高而不危，所以长守贵也；满而不溢，所以长守富也。富贵不离其身，然后能保其社稷，而和其民人。盖诸侯之孝也。"（《诸侯章》）辅佐君王，保住社稷和人民才是诸侯之孝。

（三）卿大夫之孝

作为辅佐国君的卿大夫，孝的真谛完全体现在言和行上，言行俱遵行正道，"非先王之法言不敢言，非先王之德行不敢行"，这样才可以保住宗庙。（《卿大夫章》）

（四）士之孝

《士章》里说"忠顺不失，以事其上"，要忠诚依顺，一心效主。《孝经》中说："资于事父以事母而爱同，资于事父以事君而敬同，故母取其爱而君取其敬，兼之者父也。故以孝事君则忠，以敬事长则顺，忠顺不失，以事其上，然后能保其禄位，而守其祭祀。盖士之孝也。"

（五）庶人之孝

要做到"用天之道，分地之利，谨身节用以养父母"。（《庶人章》）也就是说，按照春生冬藏的规律进行劳作，是庶人之孝。

这里，对"孝"的含义和内容的表达已经扩大到了社会生活中，而非狭义的仅限于对父母之孝。这种以"孝"对社会生活的规范，用孝来解释和衡量的一切行为是一种服务于封建统治的政治手段。用孝来规范社会、规范政治生活、协调上下关系，以孝治国，是《孝经》所极力倡导的。这从一定意义上说是"仁政"思想的变通。

通观《孝经》，谈治国之处甚多，尤其突出天子要以孝治国的观点。除了《天子章》外，篇中多举先王、明王、圣人之例来加以佐证，如："先王有至德要道，以顺天下，民用和睦，上下无怨。"（《开宗明义章》）所谓"至德要道"就是孝。"昔者，明王之以孝治天下也……故生则亲安之，祭则鬼享之，是以天下和平，灾害不生，祸乱不作。"（《孝治章》）以孝治国的作用之大，于此可见一斑。"圣人因严以教敬，因亲以教爱。圣人之教不肃而成其政，不严而治，其所因者，本也。"（《圣治章》）这里所说的"本"，也仍然指的是孝。孝既然对治国有如此重要的作用，天子自当推而广之，"以德教加于百姓，刑于四海"，以身作则，遵行孝道，这是天经地义的，也因此可以"通于神明，光于四海。"（《感应章》）强调天子以孝治国，是对"教之所由生也"这一观点的具体阐述。后世对《孝经》中以孝治国和天子要遵行孝道的观点往往不予重视和突出强调，实际上是忽略了《孝经》的精髓和价值。

尊老爱幼、孝敬父母是中华民族几千年来的优良传统，"百善孝为先""人之行莫大

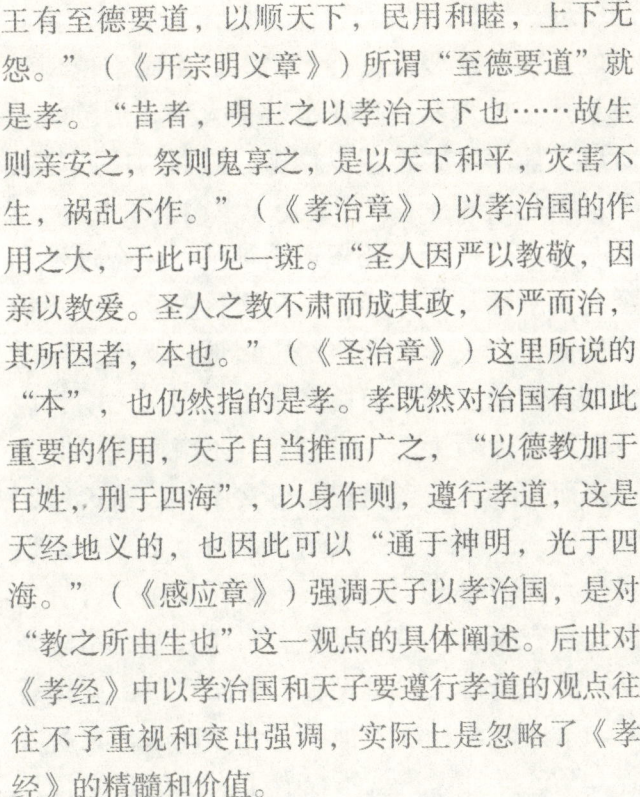

南宋孝经图

中国古代教育智慧

于孝"这几句谚语就说明了华夏儿女对孝道的重视。《孝经》中说道："夫孝，天之经也，地之义也，民之行也""夫孝，德之本也，教之所由生也""人之行，莫大于孝""教民亲爱，莫善于孝"。《孝经》中说："身体发肤，受之父母，不敢毁伤，孝之始也。立身行道，扬名于后世，以显父母，孝之终也。""弟子入则孝，出则悌，谨而信，泛爱众，而亲仁。"说明了每个人首先爱的是自己的父母——孝，然后爱自己的兄长——悌，推而广之即为"泛爱众，而亲仁"。由家庭伦理扩大到社会伦理、由道德范畴扩大到政治范畴，所以孝能治国，移孝以作忠，进而为民族尽大孝，因此也便有了"求忠臣于孝门"。

为了进一步论汪孝道之神圣性、合理性和至高无上性，《孝经》又从天人关系上寻找理论根据，"夫孝，天之经也，地之义也，民之行也。天地之经，而民是则之。则天之明，因地之利，以顺天下，是以其教不肃而成，其政不严而治""昔者明王，事父孝，故事天明；事母孝，故事地察。长幼顺，故上下治。天地明察，神明彰矣。故虽天子必有尊也，言有父也；必有先也，言有兄也。宗庙致敬，不忘亲也。修身慎行，恐辱先也。宗庙致敬，鬼神著矣。孝悌之至，通于神明，光于四海，无所不通。"这样，孝道就不仅有了人道的现实合理性，而且还有了天道的神圣性与合理性。

吴东迈大篆孝经立轴

三、对古代教育的影响

(一)《孝经》在汉代的突出地位

汉代推崇"以孝治天下"的治政思想,因此,《孝经》的价值在汉代被炒作得很火。汉朝的历代皇帝均很重视社会对《孝经》的习诵,甚至有几个皇帝还亲自讲授过《孝经》。自惠帝后,汉代所有皇帝的谥号前都被加上了一个"孝"字,以此来突出《孝经》在社会和国君治政过程中的地位。在教育领域里,文帝时始设《孝经》博士。昭帝始元五年(前82年),诏以《孝经》等未明,令举贤良文学高第。宣帝地节三年(前67年),郡县置学校,乡聚设庠序,"序、庠置《孝经》师一人"。平帝元始五年,"征天下通知……《五经》《论语》《孝经》《尔雅》教授者",为驾一封轺传,遣诣京师。东汉光武年间(25年—57年),诏令虎贲士皆习《孝经》。明帝永平年间(58年—75年),诏令期门、羽林之士悉通《孝经》。《白虎通义》将它与《春秋》放在同等重要的地位上,郑玄则把《孝经》作为"三才之经纬,五行之纲纪",认为《孝经》起到了总汇六经的作用。从教育制度上来看,"汉制以《孝经》试士""汉制使天下诵《孝经》选吏举孝廉";从教育实际上看,《孝经》成为初等教育的重要内容,皇太子年十二,通《论语》《孝经》。

汉惠帝

汉惠帝刘盈(前211年—前188年),西汉第二位皇帝(在位时间为前195年—前188年)。他是汉朝开国皇帝刘邦的次子,母亲吕雉,在位七年,死时年仅二十三岁,谥号"孝惠",葬于安陵。

中国古代教育智慧

唐玄宗

唐玄宗李隆基（712年—756年），唐代的中兴君主，睿宗的第三子。因谥号为至道大圣大明孝皇帝，故亦称为明皇。英武有才略，开元时期文治武功鼎盛，世称为"开元之治"。后宠爱杨玉环，封其为贵妃。玄宗喜爱歌舞音乐，曾于梨园教歌舞，所以后世尊其为伶人之祖师爷，死后庙号玄宗。

（二）魏晋南北朝时期的《孝经》

魏晋之时，三足鼎立，烽烟四起，战事频仍，但《孝经》里的思想依然为统治者所倡导。晋武帝泰始七年、惠帝元康元年，均由皇太子亲讲《孝经》两次。东晋元帝尤其重视《孝经》，曾作《孝经传》以教化世人。穆帝曾三次亲讲《孝经》，行释奠礼，并集群臣研究《孝经》的经义。南齐武帝永明元年（483年），诏令于国学之中置郑玄注《孝经》。梁武帝亲撰《孝经义疏》，并让昭明太子从小学习《孝经》。北朝诸代也特别重视《孝经》，并将《孝经》立于学官。

（三）隋唐君谕传《孝经》

隋唐时期，《孝经》也颁行天下。唐太宗认为："行此（《孝经》）足以事父兄，为臣子。"唐玄宗曾两次亲自注批《孝经》，并于天宝三年"诏天下家藏《孝经》，精勤教习，学校之中，倍加传授，州县官长，申劝课焉。"据《新唐书·百官志三》载，国子学设"五经博士各二人，正五品上。……论语、孝经、尔雅，不立学官，附中经而已。"《孝经》《论语》和《老子》一并被列为旁经，这说明《孝经》和《老子》《论语》一样被视作国子监的必修课程和公共课程。而在科举考试中，《孝经》和《论语》也并列作为必试的科目。高宗仪凤三年甚至规定，《道德经》《孝经》并为上经，贡举都必须兼通。在后世，《道德经》曾屡停屡废，而《孝经》则一直都是科举考试的必考科目。

(四) 宋代《孝经》归入"十三经"

在宋代,《孝经》受到统治者重视的程度也丝毫不比以往逊色。虽然在当时疑经之风盛行,许多学者也开始对《孝经》的作者和成书年代产生疑问,但宋太宗曾以御书《孝经》赐李至,认为"千文无足取,若有资于教化者,莫《孝经》若也。"宋真宗曾诏令邢昺撰《孝经义疏》,还曾亲撰《孝经》诗三章,命群臣赋和,并将《孝经》作为十三经之一颁布发行,立为官定教材。宋代一朝宰相司马光也极推崇《孝经》,称"其文虽不多,而立身治国之道,尽在其中"。南宋高宗绍兴十三年,也曾颁御书《孝经》于天下州学。

(五) 金元借鉴《孝经》,用以治政

金元两代统治中原后,移风易俗,实行汉化,推行各种有益于统治的汉族制度,因此也对《孝经》颇为推崇,借以治政。金海陵王天德三年,以唐玄宗御注《孝经》授于学校。金世宗大定二十三年,以女真文《孝经》分赐护卫亲军。金章宗明昌元年,下诏以《孝经》作为科举考试内容。元世祖至元二十四年,诏令国子学以《孝经》为基础教育内容。元武宗时,以《孝经》译成蒙古文,诏令"自王公达于庶民,皆当由是而行。"以其孝亲思想教化民众,维护统治。

(六) 明清《孝经》纳入蒙学教材

《孝经》一直都是明清两代社学和蒙学的基本教材,明太祖极推崇《孝经》,清顺治帝

金海陵王完颜亮

海陵王,名完颜亮(1122年—1161年),字元功。太祖完颜阿骨打之孙,熙宗的表弟,他杀死熙宗后自立为帝。在位十三年,后被部将完颜元宜杀死。终年四十岁,葬于燕京郊外。

中国古代教育智慧

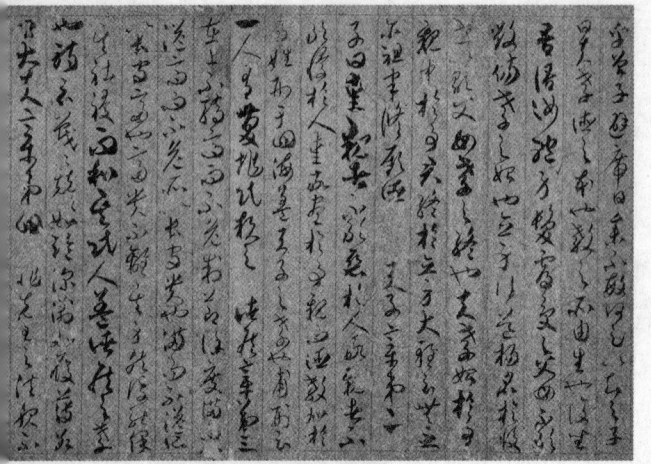

孝经草书

又御注过《孝经》,康熙年间刊刻了"满汉合璧"《孝经》,雍正年间又刊行了《钦定翻译孝经》,并有御编《孝经集注》。但是,明清两代的官学和科举考试主要是以《四书》《五经》为内容,清代汉学考据学者如姚际恒等人经过详细考证,否定了《孝经》为孔子或孔子弟子所作,毫不客气地将《孝经》归入伪书之列。清代咸丰时曾诏令各省学政,科举考试都要加试《孝经》,但那已是昙花一现了。《孝经》渐渐淡出了官定教材之列,逐渐为统治者和当代的学者所忽略。

第三部分 《孝经》选编

开宗明义章　第一

【原文】

仲尼居，曾子侍。

子曰："先王有至德要道①，以顺天下，民用和睦②，上下无怨。汝知之乎？"

曾子避席③曰："参不敏，何足以知之？"

子曰："夫孝，德之本也④，教之所由生也⑤。复坐，吾语汝：身、体、发、肤⑥，受之父母，不敢毁伤，孝之始也；立身行道，扬名于后世，以显父母，孝之终也。夫孝，始于事亲，中于事君，终于立身⑦。《大雅》云⑧：'无念尔祖⑨，聿修厥德⑩。'"

【注释】

①至德要道：至德，至美之德。要道，要约之道。释文引自郑玄注云："至德者，孝悌也。要道者，礼乐也。"

②民用和睦：《尚书·尧典》中有"九族既睦，平章百姓，百姓昭明，协和万邦，黎民于变时雍。"郑玄注："睦，亲也。"《礼记·礼运篇》云："大道之行也，天下为公，选贤与能，讲信修睦，故人不独亲其亲，不独子其子，使老有所终，壮有所用，幼有所长，鳏寡孤独废疾者皆有所养。"蜀才曰："睦，亲也。"赵岐曰："睦，和也。"《说文》曰："睦，目顺也。"民，黎民百姓。民用和睦，意思是百姓相顺而亲、相悦而和。用，因而。

尚书拓片

《吕氏春秋·察今篇》

③避席：离开座位。《吕氏春秋·直谏》云："桓公避席再拜。"高诱注："避席，下席也。下席者，犹言离去其席位也。"指离开座位站起来以示恭敬。

④夫孝，德之本也：《后汉书·江革传》云："夫孝，百行之冠，众善之始也。"全句的意思是说孝道是一切德行的根本。夫，发语词。本，根本。

⑤教之所由生也：《礼记·祭义篇》："众之本教曰孝。"《大戴礼·曾子·大孝篇》："民之本教曰孝，其行之曰养。"全句的意思是所有教化都是从孝道产生出来的。

⑥身、体、发、肤：范祖禹曰："身体发肤，受于亲而爱之不敢忘，则不为不善以亏其体而辱其身，此所以为孝之始也。"《正义》云："身谓躬也，体谓四支也，发谓毛发，肤谓皮肤。"《礼记·祭义篇》曾子云："身也者，父母之遗体也。行父母之遗体，敢不敬乎？居处不庄，非孝也；事君不忠，非孝也；莅官不敬，非孝也；朋友不信，非孝也，战陈无勇，非孝也。五者不遂，灾及于亲，敢不敬乎？"

⑦夫孝，始于事亲，中于事君，终于立身：《正义》云："夫为人子者，先能全身而后能行其道也。夫行道者，谓先能事亲，而后能立其身。前言立身，未示其迹，其迹始者，在于内事其亲也；中者，在于出事其主，忠孝皆备，扬名荣亲，是终于立身。"《孟子·离娄篇》云："仁之实，事亲是也。义之实，从兄是也。"

又云:"事,孰为大?事亲为大。守,孰为大?守身为大。事亲,事之本也。守身,守之本也。"又《万章篇》云:"孝子之至,莫大乎尊亲;尊亲之至,莫大乎以天下养。为天子父,尊之至也;以天下养,养之至也。诗曰:'永言孝思,孝思维则',此之谓也。"《大学·释齐家治国章》云:"孝者,所以事君也;悌者,所以事长也;慈者,所以使众也。康诰曰:'如保赤子'。心诚求之,虽不中,不远矣。"这句的意思是行孝,始于侍奉父母,进而为国为君尽忠,最后实现自己的志向。

⑧《大雅》:指《诗经》中的《大雅》文王篇。《诗经》分为《风》《雅》《颂》,其中《雅》又分为《大雅》《小雅》。

⑨无念尔祖:《诗经·大雅·文王》云:"无念尔祖。"无念尔祖,就是念尔祖的意思。尔祖,你的祖先。

⑩聿修厥德:意思是修述其先祖之功德。《尔雅》云:"聿,循也,述也。"厥,代词,古代厥、其二字相通。

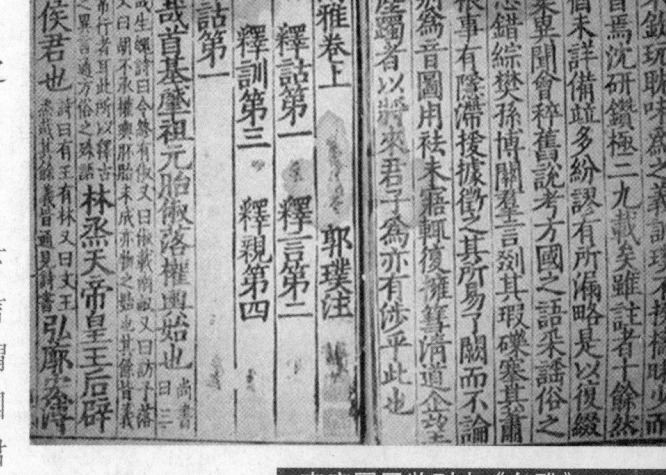

南宋国子监刊本《尔雅》

【译文】

孔子在家闲居,曾子在旁边侍坐。

孔子说:"先圣帝王都具有至高无上的美德和要约之道并用它来治理天下,以顺应天下百

中国古代教育智慧

徐庶

姓的心。因此,天下的百姓相处得十分和谐,上上下下都能和和气气,互相都没有怨恨。你懂得这里面的道理吗?"

曾参离开座位站起来恭敬地说:"我不够聪敏,怎么能够明白先王的至德要道呢?"

孔子说:"孝道,是所有德行的根本,一切教化都在此基础上产生。你坐下来,让我告诉你:身躯、四肢、头发、皮肤,都是父母所给予的,作为一个孝子就不能让它们轻易地受到伤害,更不能够毁伤,这就是尽孝的开始;如果一个人树立了自己的志向,而平时能立身反省、行为处世遵循道理,使自己的名声能够流传于后世,以使父母声誉荣耀,那就是尽孝道得到最圆满的结果了。一个人行孝的方面是很广博的,首先要从事奉自己的父母开始,其次是事奉自己的君王,最后是修身立世实现自己的志向。《诗经·大雅》中说:'难道你不思念自己的先祖吗?如果你思念他们,就要想到将他们的功德修养发扬光大。'"

【故事】

徐庶至孝至忠

徐庶,字元直,东汉末年豫州颍川郡人,本名徐福。自幼好剑击,早年因在家乡闯祸而化名单福,从此折节向学、遍访名师。刘备屯兵于新野期间,徐庶因慕刘备仁德之名而投靠了他,被刘备所器重,助刘备破初次南下的曹军。后经徐庶的推荐,刘备得到了军师诸葛亮。

汉献帝建安十三年（208年），曹操率大军南征荆州。这时刘表已经死了，他的儿子刘琮不战而降。刘备率军民二十多万人南撤。在曹军追及到当阳长坂坡时，刘备寡不敌众，大败而逃，辎重全失。徐庶的母亲也不幸被曹军掳获，并被曹操派人伪造其母书信召其去许都，徐庶得知此讯，痛不欲生，含泪向刘备辞行。他用手指着自己的胸口说："本打算与将军共图王霸大业，耿耿此心，唯天可表。不幸老母被掳，方寸已乱，即使我留在将军身边也无济于事，请将军允许我辞别，北上侍养老母！"刘备虽然舍不得让徐庶离开自己，但他知道徐庶是出了名的孝子，不忍看其母子分离，更怕万一徐母被害，自己会落下离人骨肉的罪名，只好同徐庶挥泪而别。

徐庶北上归曹以后，心中仍十分依恋故主刘备和好友诸葛亮。尽管他有出众的谋略和才华，但不愿为曹操出谋划策而与刘备、诸葛亮为敌。因此，徐庶在曹魏历时数十年，却从未在政治军事上有所作为，几乎湮没无闻。这就是人们常说的"徐庶进曹营，一言不发"。

汉献帝

汉献帝，名刘协（181年—234年），字伯和，灵帝第三子。公元189年4月汉灵帝去世，刘协为陈留王，后被董卓拥立为帝。为遏制董卓，汉献帝想利用曹操保驾却被曹操控制。公元220年，汉献帝禅位于曹丕，自己被封为山阳公。

中国古代教育智慧

梁惠王

梁惠王魏䓨（前400年—前319年），战国时魏国国君。姓姬，魏氏，魏武侯子。与公子缓争立成功，以公孙痤为相，一度攻破秦孝公于栎阳，秦退回雍城。魏惠王六年（前364年），把都城从安邑迁至大梁，因此在《孟子》一书中又称为梁惠王。

天子章 第二

【原文】

子曰："爱亲者，不敢恶于人；敬亲者，不敢慢于人①。爱敬尽于事亲，而德教加于百姓②，刑于四海③，盖天子之孝也④。《甫刑》云⑤：'一人有庆，兆民赖之⑥。'"

【注释】

①爱亲者，不敢恶于人；敬亲者，不敢慢于人：恶，厌恶、憎恨。慢，轻侮，怠慢。《孟子·梁惠王篇》云："老吾老，以及人之老；幼吾幼，以及人之幼；天下可运于掌。"《孟子·离娄篇》云："君子所以异于人者，以其存心也。君子以仁存心，以礼存心；仁者爱人，有礼者敬人。爱人者，人恒爱之；敬人者，人恒敬之。"孟子曰："君之视臣如手足，则臣视君如腹心；君之视臣如犬马，则臣视君如国人；君之视臣如土芥，则臣视君如寇雠。"全句的意思是说：亲爱自己父母的人就不会讨厌别人的父母。尊敬自己父母的人，就不会怠慢别人的父母。

②德教加于百姓：德教施于万民的意思。《吕氏春秋·孝行篇》云："光耀加于百姓。"高诱注："加，施也。"德教，以道德教化。

③刑于四海：刑，法则。四海，四夷。《尔雅》云："九夷、八狄、七戎、六蛮谓之

四海。"《孟子·滕文公》云:"上有好者,下必有甚焉者矣。君子之德,风也;小人之德,草也;草尚之风必偃。"《礼记·乐记篇》云:"君好之,则臣为之;上行之,则民从之。诗云:'诱民孔易'此之谓也。"《吕氏春秋·孝行览》云:"故爱其亲,不敢恶人,敬其亲,不敢慢人,爱敬尽于事亲,光耀加于百姓,究于四海,此天子之孝也。"

④盖:《公羊传·宜元年正义》云:"盖,犹是也。"《尔雅·释诂》云:"是,此也。"

⑤《甫刑》:又名《吕刑》,《尚书》中的一篇。

⑥一人有庆,兆民赖之:一人,天子。庆,善也。有庆,指天子有了爱亲敬亲孝行可庆善的事实。兆民,万民,指天下之百姓。兆有两种说法,一说一百万为一兆,一说古代以万亿为兆。这里指数目极多。赖,依靠、凭藉的意思。全句的意思是说天子行孝,天下百姓都赖其善。

【译文】

孔子说:"如果是一个懂得热爱自己父母的人,就丝毫不会去厌恶别人的父母;如果是一个懂得敬奉自己父母的人,就丝毫不敢怠慢别人的父母。竭尽爱敬侍奉父母,施展教化于万民百姓之中,因此他在普天之下就会成为四海效法的榜样,这就是天子应尽的孝道。《尚书·甫刑》中说:'如果天子热爱亲人,孝敬亲人,能够施行德政,那么天下的亿万百姓就都会仰赖他。'"

《孝经》的教育智慧

滕文公

战国时期滕国最有名的国君,他曾礼聘当时著名的儒学大师孟子来到滕国。《孟子·滕文公》上、下篇中对此多有记载。

中国古代教育智慧

吴国太

吴国太是孙权的母亲,孙坚的正室夫人,史传中称为吴夫人。据《三国志·吴书·妃嫔传》记载:她本是吴郡人,父亲吴辉,字光修,曾做过东汉的奉车都尉,官至刺史。

【故事】

孙权孝顺吴国太,由此得名"孝子菜"

孙权(182年—252年),字仲谋。公元221年,割据江东,见曹丕代汉称魏帝,刘备亦在蜀称帝,遂作称帝的准备,自公安迁鄂(今鄂州),取"武而昌"之义,改鄂为武昌。孙权虽然身为天子,却没有忘记对母亲的孝顺。话说一日孙权和母亲吴国太等一行人出城游玩,途经东山(洪山),当地官员盛情招待。席间杯盏交错,宾主尽兴,尤其吴国母对桌上的一盘紫色菜肴赞不绝口,夸其甜脆清香。自此以后,每逢洪山菜薹上市季节,孙权必派人来索取,以供吴国太食用。一年冬天,吴国太病重,不思茶饭,只想吃洪山薹。但是在宫中久等不见当地官员送来,孙权大怒,亲至洪山询问缘由。原来当时天寒地冻、大雪封山,菜薹根本就没有抽苔。孙权大怒之下,将当地官员重打八十大板,责其办事不力,同时在山脚下建筑菜棚,将部分菜薹转移至棚中,每日亲自细心照料。不出半月,棚中菜薹终于抽苔,孙权大喜,立即派人快马送回宫中,吴国太食用之后病情日渐好转。

公元229年,孙权率队伍迁都建业(今南京)。临离开武昌时,特下令带了一些洪山菜薹的种子去建业,可是所种菜薹的味道总不如洪山产的好。为了满足老母亲的心愿,孙权派专人到洪山挖掘了很多土,用船运回去种菜薹，但效果亦不佳。孙权便命当地官员每年在洪山菜薹上市的时候用船将洪山菜薹运至建业，直至吴国太过世。孙权孝顺母亲一事在洪山被传为美谈，洪山菜薹因此又被世人称之为"孝子菜"。

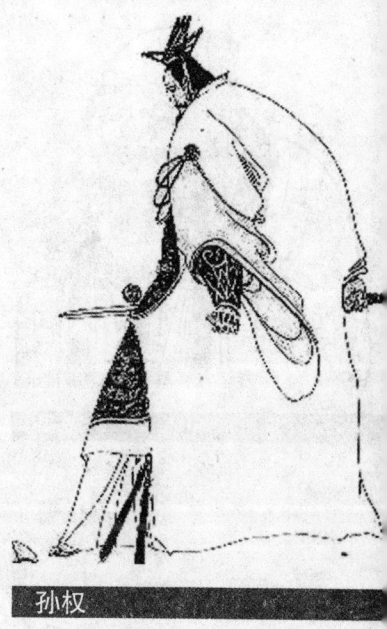

孙权

中国古代教育智慧

老子

老子（生卒年不详），春秋时思想家，道家创始人。一说即老聃，姓李名耳，字伯阳，楚国苦县厉乡曲仁里人，做过周朝"守藏室之史"（管理藏书的史官）。孔子曾向他问礼，后退隐。老子的学说对中国哲学的发展有着深刻影响，其内容主要见于《老子》一书。

诸侯章 第三

【原文】

在上不骄，高而不危①；制节谨度②，满而不溢③。高而不危，所以长守贵也；满而不溢，所以长守富也。富贵不离其身，然后能保其社稷④，而和其民人⑤，盖诸侯之孝也。

《诗》云："战战兢兢，如临深渊，如履薄冰⑥。"

【注释】

①在上不骄，高而不危：不骄，没有骄傲之心，即能守法合礼之意。《论语》云："子曰：'君子无众寡，无小大，无敢慢，斯不亦泰而不骄乎？'"《中庸》第二十七章云："居上不骄，为下不倍。国有道，其言足以兴；国无道，其默足以容。"《曾子·立事篇》云："居上位而不淫，临事而栗者，鲜不济矣！"《老子》第九章云："富贵而骄，自遗其咎。"司马光云："高而危者，以骄也。"唐玄宗曰："诸侯列国之君，贵在人上，可谓高矣。"本句的意思是说地位在上而不骄傲，处于高位才没有危险。

②制节谨度：费用约俭谓之制节，慎行礼法谓之谨度。《诗经·大雅》云："质尔人民，谨尔侯度，用戒不虞。"《荀子·富国篇》云："足国之道，节用裕民而善臧其馀。"

③满而不溢：满，充实，指国库充裕。

溢,过分,这里指奢侈浪费。

④社稷:社,土神。稷,谷神。古之有国者必立社稷,以社稷之存亡示国家之存亡。《孟子·离娄篇》云:"天子不仁,不保四海;诸侯不仁,不保社稷;卿大夫不仁,不保宗庙;士庶人不仁,不保四体。"

⑤和其民人:和,和睦,这里是"使……和睦"的意思。全句的意思是说诸侯和人民和悦地相处。民人,百姓。

⑥战战兢兢、如临深渊、如履薄冰:战战,恐惧。兢兢,戒慎。临,近。《正义》云:"夫子述诸侯行孝终毕,乃引《诗经·小雅》之诗以结之言,诸侯富贵不可骄溢,常须戒惧,故战战兢兢,常如临深履薄也。"意思是说恐惧谨慎,担心坠入深渊不可复出,担心陷入薄冰之下不可拯济。

【译文】

一个人如果身居高位,却能做到不骄不躁、谦虚谨慎,那么就用不着惧怕有遭到排挤的危险。如果做到事事节省费用,慎守法度,即使国家经费充裕也不会追求豪华而奢侈浪费。地位显赫而没有倾覆的危险,自然就能长久地保持尊贵的职位;财物丰富而能做到谨慎开支而不浪费,自然能长久地保持充裕的财源。身为诸侯,要首先使富贵不离开自身,然后才能确保他的社稷,跟天下百姓和悦地相处,这就是诸侯应尽的孝道。

《诗经·小雅》里说:"诸侯治理国家,

《孝经》的教育智慧

孟子

孟子(约前372年—前289年),名轲。战国时期的思想家、政治家、教育家。孔子之后的儒学大师,后世将其与孔子并称为"孔孟",且称其为"亚圣"。

中国古代教育智慧

辽墓出土棋娱侍卫图

凡事必须小心谨慎，仿佛走在深潭边，好像踏在薄冰上。"

【故事】

张俭选布

北宋时，北方有个辽国。辽国圣宗皇帝有个丞相叫张俭，不仅能力超人，而且以节俭闻名。张俭进士出身，一路升迁，一直做到左丞相，但他温良谦和，依然勤俭朴素。他穿衣只穿粗布衣，吃饭只吃一种菜，俸禄只要有节余就拿去周济别人。

辽国国力日渐雄厚，奢侈之风也在朝野兴起，官员们都穿锦缎华服，相互攀比，可左丞相却总是粗布旧袍，以身施教，讽喻下属官员，让他们摒弃奢华。因此上朝时令官员们总是忐忑不安。有一年冬天非常冷，张俭照常上朝议事。圣宗见他又穿上了那件破旧的棉袍上殿，便命人偷偷在张俭的棉袍上烙穿了一个洞作为记号，看他是不是总穿同一件衣服，也好借此为他换上一件新袍。一连几天上朝，张俭果然穿着同一件破棉袍上朝，圣宗终于忍不住了："张俭，你为什么年年总穿这件旧棉袍？"

"有何不妥吗，皇上？"张俭说，"这件棉袍臣已穿了三十年，每年天暖后将它翻洗干净，入冬取出穿上，抵御风寒与新袍没有两样,因而臣就无需再换新袍了。"

"可朝中大臣都着华服,你身为丞相,却旧袍披身,他们心中一定会很不舒服。"

张俭庄重地对圣宗说:"皇上授臣重任,是让臣辅佐皇上兴国安邦。现在朝野上下奢华之风甚浓,这样长期下去,就会伤及到大辽的国体。我身为丞相,只有制止奢风之责,怎么还能随波逐流也学奢华呢?"

圣宗听了非常感动,国家能有这样的丞相实在是大幸。但是他实在不忍心看着张俭总穿这破棉衣,便说:"丞相以国为重,甘于清贫,令天下人敬仰。可你的旧袍上有了一个洞,再穿上它有损朝廷的尊严,还是做件新的吧。你现在就到内府库房,里面所有的物品任你选取。"

皇上的旨意是不能违背的,何况是一番好意呢,张俭只好随侍者来到内府。很快,张俭便捧着三块布回到殿上谢恩。圣宗看到了好奇地问:"张俭,内府库上没有锦缎了吗?"

"回皇上,有,锦缎多得把臣的眼睛都照花了。"

"那你为什么只选了这么点儿布?"

"臣已习惯了布袍,这三块布做一件棉袍已经够了。"

圣宗听罢,长叹一声,感慨地说:"天下为官者,若都如张俭丞相以勤俭为本,国家何愁不强盛,百姓何愁不富足啊!"

辽圣宗

辽圣宗耶律隆绪(971年—1031年),契丹名文殊奴,在位四十九年,是辽国在位最长的皇帝。在位期间四方征战,进入辽国疆域的顶峰。晚年迷信佛教,穷途奢侈,辽国势走向下坡路。辽圣宗死于辽太平十一年(1031年),谥号为文武大孝宣皇帝。

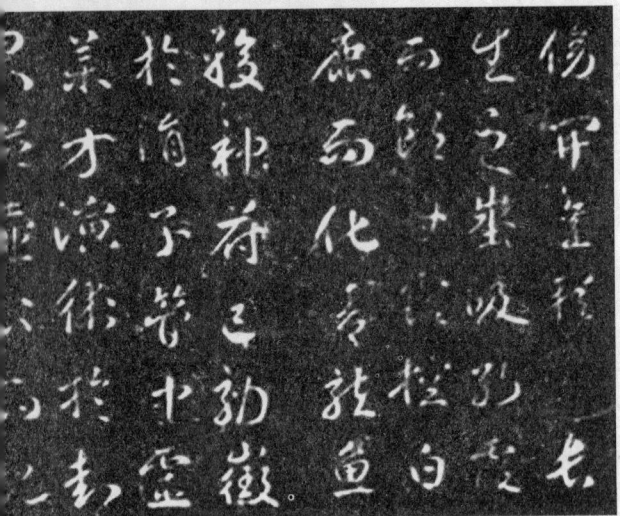

孝经碑碑文

卿大夫章　第四

【原文】

非先王之法服，不敢服①；非先王之法言，不敢道；非先王之德行，不敢行②。

是故，非法不言，非道不行；口无择言，身无择行③；言满天下无口过，行满天下无怨恶④。三者备矣，然后能守其宗庙⑤，盖卿大夫之孝也。

《诗》云："夙夜匪懈，以事一人⑥。"

【注释】

①非先王之法服，不敢服：法服，法定之服，也就是合于礼仪规定的服装。不敢服，不敢穿。《孟子·告子篇》云："尧舜之道，孝悌而已矣。子服尧之服，诵尧之言，行尧之行，是尧而已矣。子服桀之服，诵桀之言，行桀之行，是桀而已矣。"《曾子·立事篇》云："君子入人之国，不称其讳，不犯其禁，不服华色之服，不称惧惕之言。"

②非先王之法言，不敢道；非先王之德行，不敢行：法言，礼法之言，合于情、理、法的言论。不敢道，不敢说。德行，能符合道德标准的行为。孔子曰："孝，德之始也；悌，德之序也；信，德之厚也；忠，德之正也。参也中夫四德者矣。"《曾子·立事

篇》云:"言必有主,行必有法,亲人必有方。"又曰:"是故君子出言以鄂鄂,行身以战战,亦殆免于罪矣!"《礼记·表记篇》云:"是故君子耻服其服而无其容,耻有其容而无其辞,耻有其辞而无其德,耻有其德而无其行。"

③口无择言,身无择行:《曾子·大孝篇》云:"故恶言不出于口,烦言不及于己。"《礼记·表记篇》云:"是故君子服其服,则文以君子之容;有其容,则文以君子之辞;遂其辞,则实以君子之德。"《尚书·吕刑篇》云:"穆穆在上,明明在下,灼于四方,罔不惟德之勤。……敬忌,罔有择言在身。惟克天德,自作元命,配享在下。"

④言满天下无口过,行满天下无怨恶:《曾子·立事篇》云:"君子终日言,不在尤之中;小人一言,终身为罪。"又《曾子·大孝篇》云:"故君子一举足,不敢忘父母;一出言,不敢忘父母。一举足不敢忘父母,故道而不径,舟而不游,不敢以先父母之遗体行殆也。一出言不敢忘父母,是故恶言不出于口,忿言不及于己,然后不辱其身,不忧其亲,则可谓孝矣。"

⑤宗庙:古时立祖宗神像用以祭祀的场所。《孝经注疏》云:"天子至士皆有宗庙。"又云:"宗,尊也;庙,貌也;言祭宗庙见先祖之尊貌也。"

⑥夙夜匪懈,以事一人:《尔雅·释

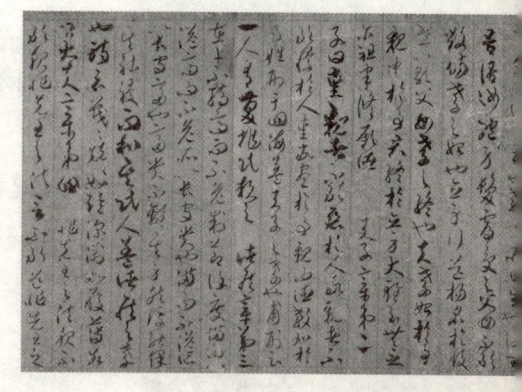

贺知章《草书孝经》

中国古代教育智慧

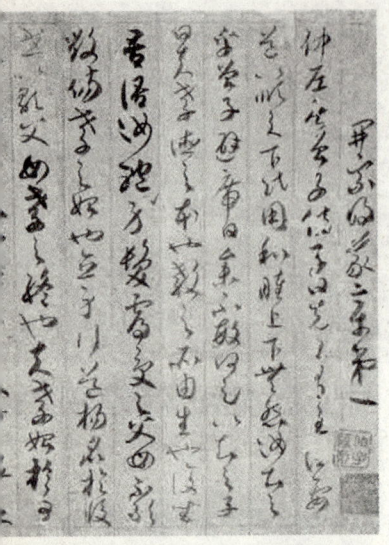

孝经

诂》云:"夙,早也。"匪,同"非",不。懈,惰。全句意谓,卿大夫当能早起夜寝以事天子,不得懈惰。

【译文】

不符合先王所制定的礼法的服装,决不敢随意地穿在身上;不符合先王所制定的礼法的言辞,决不敢随意说出口;不是先王所遵循的道德行为,决不敢任意推行。

因此,不敢乱说不合礼法的言论,不敢推行不合礼法的行为。如果所说的每一句话都合乎礼法,也就用不着担心会有什么失误而去选择好坏了。如果所做的每一件事都合乎道德标准,也就不用担心有什么过错而有所选择了。尽管说的话多并流传天下,但他决不会说错话;尽管做的事多天下人也看得很清楚,但决不会遭人怨恶。如果以上所说的三项:不是先王所制定的法服,就不敢穿在身上;不是先王所制定的法言,就不敢说出口;不是先王所遵循的德行,决不敢任意推行,卿大夫都能做到的话,然后方能永远守住他先祖的宗庙,这便是卿大夫应尽的孝道了。

《诗经》上说:"不论早或晚,都要尽心尽力侍奉天子,不可有任何懈怠。"

【故事】

孟子遵循礼仪

春秋战国时期,齐国大夫公行子的儿子死了,右师王驩前去吊丧。进了门,就有人走上来同他说话,(坐下后)又有人走近他的座位来同他说话的。只有孟子坐在位置上不动,不同他说话。右师为此非常不高兴地说:"大夫们都来同我说话,只有孟子不同我说话,这是怠慢我。"

孟子听了这话,说道:"按礼的规定,在朝廷上不能越过位次相互交谈,不能越过台阶相互作揖。我是想按礼办事,右师认为我怠慢你,这不是太奇怪了么?"

孟子著书立说

遵循礼仪是一个人的修养的表现,不同的场合就要遵循不同的礼仪。

从前滕文公死的时候,孟子与王驩受齐王的派遣一同去滕国参加葬礼,当时孟子是正使,王驩是副使,但王驩却专断独行,令孟子很不高兴。如今王驩升为右师,势力很大,更是目中无人,很多人甚至不顾礼节去拍他的马屁,但孟子却并不这样做,并对王驩的无理指责加以驳斥。

中国古代教育智慧

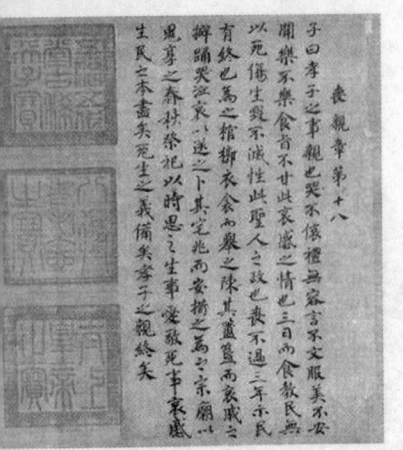

宋高宗书孝经

士章 第五

【原文】

资于事父以事母而爱同,资于事父以事君而敬同。故母取其爱,而君取其敬,兼之者,父也①。故以孝事君则忠,以敬事长则顺。忠顺不失,以事其上,然后能保其禄位而守其祭祀,盖士之孝也②。

《诗》云:"夙兴夜寐,无忝尔所生③。"

【注释】

①资于事父以事母而爱同,资于事父以事君而敬同。故母取其爱,而君取其敬,兼之者,父也:《尔雅·释诂》云:"资,取也。"《孟子·公孙丑篇》云:"内则父子,外则君臣,人之大伦也。父子主恩,君臣主敬。"《礼记·表记篇》云:"今父之亲子也,亲贤而下无能;母之亲子也,贤则亲之,无能则怜之。母,亲而不尊;父,尊而不亲。"又《丧服四制》云:"资于事父以事君而敬同,贵贵尊尊,义之大者也。故为君亦斩衰三年,以义制者也。"又云:"资于事父以事母而爱同。天无二日,士无二王,国无二君,家无二尊,以一治之也。故父在,为母齐衰期者,见无二尊也。"

②故以孝事君则忠,以敬事长则顺。忠顺不失,以事其上,然后能保其禄位而守其祭祀,盖士之孝也:长,指公卿大夫。《孟子·梁惠王篇》云:"入以事其父兄,出以事其

长上。"《大学·释齐家治国章》云:"孝者,所以事君也;悌者,所以事长也。"《中庸》第十七章云:"舜其大孝也与!德为圣人,尊为天子,富有四海之内;宗庙飨之,子孙保之。故大德必得其位,必得其禄,必得其名,必得其寿。"《礼记·坊记篇》云:"孝以事君,弟以事长,示民不贰也。"《吕氏春秋·孝行览》云:"人臣孝,则事君忠。"禄位,古代称官吏的薪水为"禄",位即职务。祭祀,古时备供品向祖先行礼,表示尊敬并祈求保佑。

③夙兴夜寐,无忝尔所生:《尔雅·释诂》云:"夙,早也。"又《释言》云:"兴,起也。"夙兴,指早起。夜寐,晚睡。无,不要。忝,羞辱。所生,即生身父母。

【译文】

以侍奉父亲的一片赤诚之心去侍奉母亲,那么对父母的爱心是相同的;以侍奉父亲时的恭敬态度去侍奉天子,那么对天子和父亲的敬爱是一样的。所以,侍奉母亲乃是以爱,侍奉天子乃是以敬,而侍奉父亲的孝道则要爱和敬都齐全兼备。换句话说,以侍奉父亲的孝心转而侍奉天子,那就是忠诚;以侍奉父亲的敬心侍奉师长,那就是顺从。以忠诚和顺从的心侍奉君王和师长,就能永远保住他的俸禄

黄道周小楷孝经

中国古代教育智慧

唐太宗

和官位，而得以长守先祖的祭祀，这便是士应尽的孝道。

《诗经·小雅》上说："无论是早起或晚睡，都应当避免污辱生身父母的声誉。"

【故事】

唐太宗感于得忠臣

在唐太宗李世民当政的二十多年里，政治开明，国力强盛，百姓过着安定殷实的生活。唐太宗之所以能把国家治理好，除了用人注重德才兼备、自身颇有雄才大略外，最为重要的一点就是善于纳谏，后人称他是中国历史上"最善于纳谏的皇帝"。由于唐太宗鼓励进谏，并强调谏者无罪，因此朝廷中出现了一大批敢于直谏的大臣，如魏征、杜如晦、房玄龄、马周、褚遂良等。在众大臣中，最具有代表性的就是魏征，他总是不断地向唐太宗进谏，而且经常据理力争，丝毫不相让，唐太宗对他特别敬重。

有一次，唐太宗相中了朝中一位大臣的女儿，一心想把她选入宫中，并已登记入册。可是，这位姑娘已与人订婚，有了婆家，但既然被选入皇宫，谁敢对皇帝说个不字？没办法，只能退婚。魏征闻知此事后，急忙劝谏唐太宗："皇上身边嫔妃成群、美女如云，贫民百姓是否也都应该有个家？"唐太宗不解。魏征又说："人家姑娘已许了婆家，皇上却要夺为己有，拆散一段姻缘，这岂是一个英明的君主

《孝经》的教育智慧

所做的事?"唐太宗听了魏征的话,觉得很惭愧,并立即下诏,从嫔妃名册中划掉了那个姑娘的名字。

有一次上朝,魏征因为一件事情与唐太宗争辩起来,弄得唐太宗非常生气。回到后宫,唐太宗想了想,觉得魏征太过分,就想一声令下将魏征推出去斩了。长孙皇后知道后,换了一套朝见皇帝的正规礼服,并恭恭敬敬地向唐太宗跪拜。唐太宗被弄糊涂了,问她这是干什么。

长孙皇后说:"恭喜皇上,我听说有英明的君主,才有敢于直谏的大臣。如今魏征犯言直谏,恰恰证明了皇上的英明,所以特以此礼向皇上表示祝贺。"唐太宗听了长孙皇后的一席话立即转怒为喜,也明白了皇后的良苦用心,对魏征更加敬重了。

魏征去世后,唐太宗在百官面前哀叹道:"以铜为镜,可以照见衣帽是否端正;以史为镜,可知国家兴衰;以人为镜,可知自己行事是否正确。如今魏征去世,我少了一面明察得失的镜子。"

魏征

魏征(580年—642年),字玄成。李世民称帝,擢为谏议大夫,后任宰相。有善谏之名。

庶人章 第六

【原文】

用天之道，分地之利①，谨身节用，以养父母②，此庶人之孝也。

故自天子至于庶人，孝无终始，而患不及者③，未之有也。

【注释】

①用天之道，分地之利：用天之道，指春生（春天耕种）、夏长（夏天耘苗）、秋收（秋天收获）、冬藏（冬天入库），举事顺时，遵守自然规律。用，善用。分地之利，分别五土，视其高下，各尽所宜。郑玄注按《周礼·大司徒》："五土，一曰山林，二曰川泽，三曰丘陵，四曰坟衍，五曰原隰。谓庶人须能分别此五土之高下，随所宜而播种之则。"

②谨身节用，以养父母：谨身节用，指处世恭谨，用度节省。按古人说法，身恭谨则远耻辱，用节省则免饥寒。《说文》云："谨，慎也。"谨身，谨慎其身。郑玄注："行不为非也。"简朝亮曰："以吾身受之父母，宜谨慎也。浅言之，则无怠惰而纵欲妄好，戒世俗所谓不孝者。深言之，则视听言动无非礼，皆谨身也。"《吕氏春秋·孝行览》云："养有五道：修宫室，安府第，节饮食，养体之道也；树五色，施五采，列文章，养目之道也；正六律，和五声，杂八音，养耳之道也；熟五谷，烹六畜，和

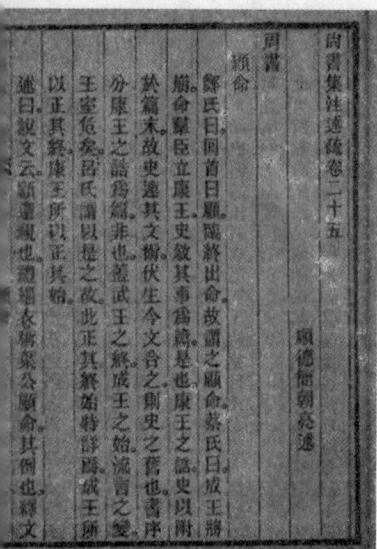

简朝亮《尚书集注述疏》

简朝亮（1852年—1933年），字季纪，号竹居，顺德简岸村人。以经学闻于世，是清代广东最后一位经学家。

煎调，养口之道也；和颜色，说言语，敬进退，养志之道也；此五者，代进而厚用之，可谓善养矣！"《孟子·离娄篇》云："世俗所谓不孝者五：惰其四肢，不顾父母之养，一不孝也；博弈，好饮酒，不顾父母之养，二不孝也；好货财，私妻子，不顾父母之养，三不孝也；从耳目之欲，以为父母戮，四不孝也；好勇斗狠，以危父母，五不孝也。"

③而患不及：而担心做不到。患，担心。

【译文】

天道有春生、夏长、秋收、冬藏的规律，地利有各种不同程度可获取的资源，老百姓要善于利用这种天道地利的变化。要谨慎照顾自己的身体，精心开支以节约一切不必要的浪费，以供养自己的父母。这便是庶人应行的孝道。

所以，上自天子，一直到庶人，虽有五等尊卑，但应尽的孝道却无终始贵贱的差别，若有人忧虑做不到，那是绝对不可能的。

【故事】

忠孝双全沈云英

明朝时，湖南道川守将沉至绪有一个独生女儿，名叫沈云英。沈云英自小便聪明好学，跟父亲学得一身好武艺。十七岁那年父亲率兵迎战异军，她也随同前往。不想父亲却死在战场上，小小年纪的沈云英，面对失去父亲的痛苦，没有惊慌失措，她登上高处大声呼喊：

京剧中沈云英的形象

中国古代教育智慧

沈云英忠孝两全

"我虽然是一个小女子，但为完成父亲守城的遗志，我要决一死战。希望与全体军民共同保卫家乡。"大家深受感动，发誓要夺回失地。很快，包围被解除了，取得了胜利。沈云英找到父亲的尸体，大声痛哭，全体军民都穿上孝服参加了葬礼。朝廷下令追封沉至绪为副总兵，并任命沈云英为游击将军，继续守卫道州府。后来人们为她建了一座忠孝双全的纪念祠。并有诗赞美她：

异军攻城围义兵，娥眉汗马解围城；
父仇围难两湔雪，千古流芳忠孝名。

三才章 第七

【原文】

子曰:"夫孝,天之经也,地之义也,民之行也①。天地之经,而民是则之②,则天之明,因地之利,以顺天下。是以其教不肃而成,其政不严而治。先王见教之可以化民也③,是故先之以博爱,而民莫遗其亲④;陈之以德义,而民兴行⑤;先之以敬让,而民不争⑥;导之以礼乐,而民和睦⑦;示之以好恶,而民知禁⑧。《诗》云:'赫赫师尹,民具尔瞻⑨。'"

【注释】

①经、义、行:经,《白虎通·五经篇》云:"经,常也。"《汉书·五行志》云:"礼,王之大经也。"《大戴礼·曾子·大孝篇》云:"夫孝,天下之大经也。"义,《淮南子·缪称篇》云:"义者,比于人心而合于众适者也。"吕览曰:"义也者,万事之纪也。言事事适合于众也。故曰地之义也。"行,《尔雅·释宫》云:"行,道也。"《汉书·杜周传》云:"孝,人行之所先也。"民之行,意思是民所履之道。

②天地之经,而民是则之:郑玄注:"天有四时,地有高下。民居其间,当是而则之。"《尔雅·释诂》云:"则,法也。"则,动词,效法。是则之,意思是把这作为法则。

③先王见教之可以化民也:《白虎通·三

孔子雕像

中国古代教育智慧

荀子

荀子（约前325年—约前235年），名况，时人尊而号为"卿"。战国时思想家、教育家。汉人避宣帝讳，称为孙卿，赵国人。他遭人谮害而赴楚，被春申君用为兰陵令。春申君死后，荀子著书终老其地。韩非、李斯都是他的学生。他批判和总结了先秦诸子的学术思想，发展了古代唯物主义，著有《荀子》一书。

教篇》云："教者，何谓也？教者，效也。上为之，下效之。民有质朴，不教不成。"孟子曰："大而化之谓圣。"又曰："夫君子所过者化。"又曰："有如时雨化之者。"赵岐注："化，教之渐渍沾洽也。"《荀子·不苟篇》云："神则能化矣。"化，教行也。化民，变其本然之质而日迁于善，日进于德而不知。

④先之以博爱，而民莫遗其亲：韩愈云："博爱之谓仁。"《论语·学而篇》云："泛爱众，而亲仁。"《礼记·大学篇》云："尧舜率天下以仁，而民从之。"又《祭义篇》云："而老穷不遗。"《释文》云："遗，弃忘也。"民莫遗其亲，意思是说人民不忘弃其父母。

⑤陈之以德义，而民兴行：陈，施行，宣扬。《论语》云："上好义，则民莫敢不服也。"《汉书·刘向传》云："颜注，陈，施也。"陈之以德义者，意思是说施之以德义也。

⑥先之以敬让，而民不争：郑玄注："若文王敬让于朝，虞芮推畔于野。上行之，则下效法之。"《礼记·乡饮酒义章》云："先礼而后财，则民作敬让而不争矣。"又《聘义篇》云："以圭璋聘，重礼之义也；已聘而还圭璋，此轻财而重礼也。诸侯相厉以轻财重礼，则民作让矣。"

⑦导之以礼乐，而民和睦：导，倡导。礼，规定社会行为的规范。乐，音乐。《论语·子路篇》云："上好礼，则民莫敢不敬。"《礼记·文

《孝经》的教育智慧

王世子篇》云:"凡三王教世子必以礼乐。乐,所以修内也;礼,所以修外也。礼乐交错于中,发形于外,是故其成也怿,恭敬而温文。"《礼记·乐记篇》云:"礼节民心,乐和民声,政以行之,刑以防之。礼乐刑政,四达而不悖,则王道备矣。"又云:"故礼以道其志,乐以和其乐,政以一其行,刑以防其奸。"又云:"乐至则无怨,礼至则不争。揖让而治天下者,礼乐之谓也。暴民不作,诸侯宾服。兵革不试,五刑不用,百姓无患,天子不怒,如此,则乐达矣。合父子之亲,明长幼之序,以敬四海之内,天子如此,则礼行矣。"

⑧示之以好恶,而民知禁:好,美好的。恶,丑恶的。《大学·释齐家治国章》云:"其所令反其所好,而民不从。是故君子有诸己,而后求诸人;无诸己而后非诸人。"《礼记·乐记篇》云:"是故先王之制礼乐也,非以极口腹耳目之欲也,将以教民平好恶而反人道之正也。"又云:"礼义立,则贵贱等矣;乐文同,则上下和矣;好恶著,则贤不肖别矣;刑禁暴,爵举贤,则政均矣。"又《缁衣篇》云:"上人疑则百姓惑,下难知则君长劳。故君民者,章好以示民俗,慎恶以御民之淫,则民不惑矣。"

⑨赫赫师尹,民具尔瞻:《礼记·大学篇》云:"节彼南山,惟石严严。赫赫师尹,民具尔瞻。"郑玄注:"师尹,天子之大臣为政者也。"诗笺云:"师,大师,周之三公也。师尹,即周之太师尹氏。故诗曰:'尹氏

伊尹

伊尹(?—前1713年),商初大臣。名伊(另说名挚),尹为官名。出仕前,曾在"有莘之野"躬耕务农。传说他为了见到商汤,遂使自己作为有莘氏女的陪嫁之臣,游说汤而被用为"小臣"。后被重用,委以国政,助汤灭夏。

中国古代教育智慧

董仲舒

董仲舒（前179年—前104年），中国汉代思想家，政治家。景帝时任博士，讲授《公羊春秋》。公元前134年，董仲舒在著名的《举贤良对策》中提出了他哲学体系的基本要点，并建议"罢黜百家，独尊儒术"，为汉武帝所采纳。

太师，为周之氏。'"《汉书·董仲舒传》云："赫赫师尹。"颜师古注："赫赫，显盛也。"《尔雅·释诂》云："瞻，视也。"民具尔瞻，意思是人民瞻视汝所为。

【译文】

孔子说："孝道，就好像日、月、星辰运行于天永恒不变，就好像春、夏、秋、冬四时循环于地，历久不易，更是人们效法的法则。人生天地间，应效法天、地那恒久不变的节候，以孝为一切行为的准则。能效法天道的运行，善用大地的生产，就足以顺遂天下百姓的心。因此，以天地的真理教化百姓不须严厉执行就能获得成效，以天地的真理治理百姓不须严厉执行就可获得大治。先王看见大自然具有如此教化人民的功能，于是自己就以身作则，率先施行博爱，人民受到先王德教的感应，就没有人遗弃父母；陈述宣扬道德和仁义的事绩，人民受到感动，就欢欣地遵行；率先施行恭敬与谦让，人民就不再有纷争；以礼义和音乐教导百姓，百姓皆能和睦相处；为政赏罚分明，百姓都了解禁令而不触犯国法。《诗经·小雅》上说：'周朝那声誉显赫的尹太师，深受百姓的瞻仰。'"

【故事】

杜环敬老

明初时的官吏杜环，为人善良淳厚，又博学多才，深受朱元璋赏识。杜环的父亲杜一元有位朋友常允恭，是兵部主事。允恭死后，家境衰败。允恭的母亲张氏，已经六十多岁了，无人奉养，经常在九江城下痛哭。

有认识常允恭的人可怜常母年老，告诉她说："现在的安庆太守谭敬先不是允恭的朋友吗，为什么不去投奔他呢？他念及与允恭的交情，一定不会丢开您老人家不管的。"常母听从这个人的指点，坐船来到了安庆。可是世态炎凉，谭敬先竟嫌弃她老迈而不肯接纳她。常母窘迫，想到允恭曾经在金陵做过官，有一个好友叫做杜一元，去找他也许能有点希望。于是她跟随别人到了金陵，人生地不熟，打听了很久都没有找到。后来遇到一个老道人，告诉她说："杜一元已经死了很久，只有他的儿子杜环还在。"道士告诉了她杜环家的方向。常母穿着破旧的衣服，冒雨来到杜环家。此时杜环正陪着客人，认出了是常母，惊讶地问道："您不是常老夫人吗，为什么落到了这种地步？"常母把自己的遭遇哭着告诉他，杜环也流下了眼泪，连忙扶着老人坐下，对老夫人行了晚辈之礼，又呼唤妻子和孩子出来行礼。

杜环的妻子马氏给常母换下湿衣服，又拿出自己的新衣服给常母穿，捧出粥让常母吃，抱来被子让常母歇息。常母还有一个小儿子，叫常伯章，但是从小就失散了，她向杜环打听他的消息，但是杜环并不知道常伯章的死活，只好婉转地安慰常母说："天正下雨，等雨停了，我再替您打听一下。假若没有人侍奉您，

明末铜鎏金无量寿佛像

中国古代教育智慧

明代正一品武官司朝服图

我家即使再贫穷，也会奉养你。我父亲和常老伯亲如兄弟，现在您老人家贫困窘迫，投奔到我们家来，我一定会好好伺候您的。"

当时杜环家也不富足，但杜环坚持让常母安心住下来。常母想到暂时也找不到别人可以依靠，就在杜环家暂时住了下来。这一住就住了十年。杜环一家人都像对待母亲一样侍奉老人，让老人过得舒舒服服的。十年后，杜环做了大常寺的赞礼郎，一次出门办事时路过嘉兴，正遇上常母的小儿子常伯章。杜环悲伤地告诉他说："您的母亲住在我家，日夜想念您，都想病了，您早点去见见她吧！"常伯章却说："我也知道这情况，只是因道远不能去。"杜环回到家，又过了半年，常伯章才来看望母亲。在杜环家过了些日子，常伯章看到母亲年老，怕拖累自己，竟然谎称有要事要办，一去再也不返。遇到这样不孝顺的儿子，杜环不敢把实情告诉常母，而是更加慎重小心地侍奉她。然而，常母思念儿子，病情越来越重，过了三年就去世了。杜环备办了棺材，隆重地安葬了她，每年还按时节去墓前祭祀。

尊老敬老是一种美德，杜环将别人的母亲当成是自己的母亲一样孝敬，而常伯章却连自己的亲生母亲都不愿意照顾。相比之下，人性的善恶可见一斑。

孝治章　第八

【原文】

子曰："昔者明王之以孝治天下也，不敢遗小国之臣①，而况于公、侯、伯、子、男乎？故得万国②之欢心③，以事其先王。治国者④不敢侮于鳏寡⑤，而况于士民乎⑥？故得百姓之欢心，以事其先君。治家者不敢失于臣妾，而况于妻子乎⑦？故得人之欢心，以事其亲。夫然，故生则亲安之，祭则鬼享之⑧。是以天下和平，灾害不生，祸乱不作⑨。故明王之以孝治天下也如此。《诗》云：'有觉⑩德行，四国顺之。'"

【注释】

①遗：遗弃、遗忘、失礼之意。

②万国：指四方各诸侯国。唐玄宗曰："万国，举其多也。"

③欢心：爱护、拥护之心。司马光曰："莫不得所欲，故皆有欢心以事其先王，孝孰大焉？"范祖禹曰："上以礼待下，下以礼事上，而爱敬生焉。爱敬所以得天下之欢心也。"

④治国者：指天子所分封的诸侯。郑玄注："治国者，诸侯也。"

⑤鳏寡：《孟子·梁惠王篇》云："老而无妻曰鳏，老而无夫曰寡。"郑玄注："丈夫六十无妻曰鳏，妇人五十无夫曰寡。"《礼记·王制篇》云："少而无父者谓之孤，老而无子者谓之

先秦爵制

先秦文献中有关爵制的记载，主要见于《孟子·万章下》，其中所举周代爵称有天子、公、侯、伯、子男五等。年代稍晚的《礼记·王制》，则将天子除外，子男分列，即所谓的公、侯、伯、子、男五等爵。这些文献反映的先秦爵制是否准确，学者尚存异议。但参照甲骨、金文资料，可以肯定的是：夏朝时爵制不详，商制细节难明，只有西周至战国时期的爵制尚可大致判明其爵称与爵序。

宋刻本《礼记》

独,老而无妻者谓之鳏,老而无夫者谓之寡。此四者,天民之穷而无告者也,皆有常饩。"

⑥士民:指士绅和平民。

⑦治家者不敢失于臣妾,而况于妻子乎:治家者,指受禄养亲的卿大夫。臣妾,指家之贱者,犹今男女仆役。《周礼·太宰职》郑玄注:"臣妾,男女贫贱之称。"《曾子·立事篇》云:"赐与其宫室,亦犹庆赏于国也;忿怒其臣妾,亦犹用刑罚于万民也。是故为善必自内始也,内人怨之,虽外人不能立也。"《礼记·哀公问》云:"昔三代明王之政,必敬其妻子也,有道。妻也者,亲之主也,敢不敬与?"

⑧夫然,故生则亲安之,祭则鬼享之:夫然,如此。《礼记·祭义篇》云:"君子生则敬养,死则敬享,思终身弗辱也。"《曾子·本孝篇》云:"故孝子之于亲也,生则有义以辅之,死则哀以莅焉,祭祀则莅之以敬,如此而成于孝子也。"《礼记·祭统篇》云:"祭者,所以追养继孝也。……是故孝子之事亲也,有三道焉;生则养,没则丧,丧毕则祭。"

⑨天下和平,灾害不生,祸乱不作:郑玄注:"上下无怨故和平,风雨顺时,百谷成熟,故灾害不生。君惠,臣忠,父慈,子孝,是以祸乱无缘得起也。"天违反时令为灾,即是风雨不节。地违反常理为妖,妖即害物,谓水旱伤禾稼。逢殃为祸,臣下反逆为乱。

⑩觉:《尔雅·释诂》云:"觉,大也。"

《孝经》的教育智慧

【译文】

孔子说:"古代圣贤的帝王都依靠遵行孝道而治理天下。对于小国派遣来的使臣都能以礼相待,何况是对公、侯、伯、子、男等诸侯呢?因此,以孝道治理天下的圣明天子必能深得众臣民的欢心和拥戴,臣民必依个人的职位来协助天子祭祀历代先王,追思先王的德政。身为受天子分封的诸侯,以孝道治理国家,尚不敢欺骗侮辱鳏夫、寡妇,何况对士绅和平民呢?所以,能深得百姓的欢心和敬仰,百姓也必定恭敬地协助诸侯祭祀祖先。受禄养亲的卿大夫,以孝道治家,尚不敢失礼于家中的男仆女婢,何况是对自己的妻子儿女呢?所以,能深得家人的欢心和爱戴,家人也必心悦诚服地事奉卿大夫的父母亲。因此,身为天子、诸侯、卿大夫,若都能遵行孝道,那他们的父母在活着的时候,也就能安心地享受他们的奉养;死后,也能享受他们的祭祀。因此,人人和睦相处,天下太平,灾害、祸乱也就无从发生了。是因为圣明的帝王以孝道治理天下,才能如此。《诗经·大雅》上说:'天子若具有以孝治天下这种崇高的德行,四方各国必定顺从他的教化。'"

长孙皇后

【故事】

长孙皇后至诚至孝

长孙皇后,鲜卑拓跋氏。她的父亲长孙晟是隋朝右骁卫将军,母亲是曾任扬州刺史高敬

中国古代教育智慧

德之女。所以，生长在官宦世家的长孙皇后自幼就接受了完整正统的教育，蕴育了她知书达礼、贤淑温柔、正直善良的人格特质。

十三岁时，她嫁给了当时太原留守李渊次子、年方十七岁的李世民为妻。她年龄虽小，但已能尽行妇道，悉心侍奉公婆、相夫教子，深得丈夫与公婆的欢心。李世民年少有为、文武双全，为完成大唐的统一大业，他征战南北，长孙氏总是随侍一旁，照料他的起居生活，使李世民在精神上得到了不少安慰。唐朝建立后，其获册封为秦王妃。

唐高祖武德九年八月，李渊禅位李世民，李世民登上皇位，长孙王妃也成为母仪天下的皇后。她并不因而骄矜自傲，一如既往地保持着贤良恭俭的美德，对太上皇李渊十分恭敬、细心侍奉。每天晨昏定省，时时提醒太上皇身旁的宫女要如何去调节他的生活起居，宛如一般平常家的儿媳那样竭尽孝道。

唐高祖李渊

李渊（566年—635年），字叔德，生于长安，七岁即袭爵唐国公。唐朝开国皇帝，在位九年后，传位于次子李世民，自称太上皇而功成身退。635年，李渊崩，谥号"太武"，庙号高祖。

圣治章　第九

【原文】

曾子曰："敢问圣人之德，无以加于孝乎？"

子曰："天地之性，人为贵。人之行，莫大于孝，孝莫大于严父。严父莫大于配天，则周公其人也①。昔者周公郊祀②后稷③以配天，宗祀文王于明堂④以配上帝。是以四海之内，各以其职来祭。夫圣人之德，又何以加于孝乎？故亲生之膝下⑤，以养父母日严。圣人因严以教敬，因亲以教爱。圣人之教，不肃而成，其政不严而治，其所因者，本也⑥。父子之道，天性也，君臣之义也。父母生之，续莫大焉⑦。君亲临之，厚莫重焉⑧。故不爱其亲而爱他人者，谓之悖德；不敬其亲而敬他人者，谓之悖礼。以顺则逆，民无则焉。不在于善，而皆在于凶德，虽得之，君子不贵也。君子则不然，言思可道，行思可乐，德义可尊，作事可法，容止可观，进退可度，以临其民⑨。是以其民畏而爱之，则而象之⑩。故能成其德教，而行其政令。《诗》云：'淑人君子，其仪不忒。'"

周公

周公，姓姬，名旦。他是周文王第四子，武王的弟弟，我国古代著名的政治家。曾两次辅佐周武王东伐纣王，并制作礼乐，天下大治。因其采邑在周，爵为上公，故称周公。

【注释】

①人之行，莫大于孝，孝莫大于严父。严父莫大于配天，则周公其人也：莫，没有什么。严，尊敬。按照古代的说法，万物始于天，人伦始于父。所以对父，应像对天一样尊敬。

飞鸟护稷

《后汉书·江革传》云:"夫孝者,百行之冠,众善之始也。"《汉书·杜周传》云:"孝,人行所先也。"《大戴礼·曾子·大孝篇》云:"夫孝,置之而塞于天地,溥之而横乎四海,施诸后世而无朝夕,推而放诸东海而准,推而放诸西海而准,推而放诸南海而准,推而放诸北海而准。"《孟子·万章篇》云:"孝子之至,莫大乎尊亲,尊亲之至,莫大乎以天下养。为天子父,尊之至也,以天下养,养之至也。"配天,指祭天而以先祖配之也。贺长龄曰:"严父配天,是敬之极,即孝之极。虽畎亩之中,有事父如事天,则有严父配天意象,不必帝王备礼,始能尊其父也。"

②郊祀:古代祭祀天地在郊外。《汉书·郊祀志》云:"故郊祀社稷,所从来尚矣。"成帝即位,丞相御史奏曰:"帝王之事,莫大于承天;承天之序,莫大于郊祀。"

③后稷:周朝的始祖。传说当尧之时,后稷的母亲践踏了巨人之足迹而有妊娠,生子以为不吉祥,弃之在隘巷,牛马不践踏他;取置冰上,飞鸟用翅膀护着他;于是又将他抱回来,取名曰弃。等他长大成人后,尧任用他作稷官,封于邰,号曰后稷。子孙历代任其官,十五传而至周武王,遂有天下。

④明堂:为专祀文王处,故云宗祀。

⑤膝下:指人幼年时常依于父母膝旁,此处指孩提时代。《孟子·尽心篇》云:"人之所不学而能者,其良能也;所不虑而知者,其

良知也。孩提之童，无不知爱其亲者；及其长也，无不知敬其兄也。亲亲，仁也；敬长，义也。无他，达之天下也。"

⑥圣人之教，不肃而成。其政不严而治，其所因者，本也：本，这里指的是孝道，因其为孝道的根本。《论语·学而篇》云："君子教本，本立而道生。孝悌也者，其为人之本与！"《中庸》云："唯天下至诚，为能经纶天下之大经，立天下之大本，知天地之化育。"《曾子·本孝篇》云："忠者，其孝之本与！"此句的意思是圣人的教化虽然并不严厉但却很有成效，圣人的政令虽然并不苛刻但却能使天下太平。其原因就在于，圣人依照孝道行事。

⑦父母生之，续莫大焉：续，传宗接代。焉，代词，这。《尔雅·释诂》云："续，继也。"《淮南子·修务训》云："教顺施续。"《易·家人彖》云："家人，有严君焉，父母之谓也。"这句的意思是父母生养我们，我们又生子传孙，没有比传宗接代更重要的了。

⑧君亲临之，厚莫重焉：意思是君王对臣，好比严父对子女，没有比这更厚重的恩惠了。

⑨言思可道，行思可乐，作事可法，容止可观，以临其民：言思可道，郑玄注："言中诗书，故可传道也。"这句的意思是君子所说的每一句话都要考虑是否能得到别人的称道。行思可乐，这句话的意思是君子所做的每一件事都要考虑到能否使人感到喜悦。作事可法，

孟子离开齐国

中国古代教育智慧

曾子墓

唐玄宗曰:"制作事业,动得物宜,则可法也。"这句话的意思是君子所建立的事业要使人能够效法。容止可观,容止,容貌和举止。意思是说君子的容貌和举止要使人能够仰望。以临其民,临,统治。此句是用这样的办法来统治他的臣民的意思。

⑩是以其民畏而爱之,则而象之:象,模仿,效法。《左传》云:"有威而可畏谓之威,有仪而可象谓之仪。君有君之威仪,其臣畏而爱之,则而象之。"又云:"故君子在位可畏,施舍可爱,进退可度,周旋可则,容止可观,作事可法,德行可象,声气可乐,动作有文,言语有章,以临其民,谓之有威仪也。"这句话的意思是因此他的百姓既敬畏他,又拥戴他,并处处效法他、模仿他。

【译文】

曾子说:"我很冒昧地请教您,圣人的德行难道没有比孝道更伟大的?"

孔子说:"虽然天地间的万物都具有各自的本性,但其中只以人秉有的本性最为尊贵。人的一切行为没有比孝亲更伟大的了。而在所有的孝行中,没有比尊崇和爱戴自己的父亲更为重要的。而尊崇和爱戴父亲,没有比在举行祭祀时以父亲配享天帝更为重要的。自古以来,能以父亲配享天帝的,就只有周公一个人

《孝经》的教育智慧

做到了。从前，周公在举行郊祀时，以自己的始祖后稷来配享天帝；在明堂祭祀时，以父亲文王配享天帝。因此，每逢祭祀的时候，天下的诸侯，依各人的职位，都来参与祭祀。所以说，圣人的德行又哪有比孝道更伟大的呢？人在刚一出生的时候就懂得亲近父母，后来在父母的培养和教育下知晓奉养父母、尊严父母。圣人就是因为看到世人能从小尊严父母，就教导众人敬亲的道理；看到世人能从小对父母很亲近，就教导众人爱亲的道理。所以，圣人的教化不须用严肃的方法就能取得显著的成效，圣人的政令不须用严厉的方法就能将天下治理完善。为何圣人能如此顺利呢？这全都归功于他懂得人的天性中孝是一切的根本。父亲培养、教育儿子，儿子奉养、尊敬父亲，这是一种人类自然的天性，其中更包含着君爱臣子、臣子敬君这样一种天赋的义理，因为奉养父亲能够尽孝，事君才能尽忠。父母生育我们，我们生子传孙，使血脉得以相连属，没有比传宗接代更为重要的了。君王对臣，好比严父教养子女，没有比这样的恩惠更厚重的了。所以，作为人子的不爱自己的父母，而去爱他人的父母，这就叫作悖德；作为人子的不尊敬自己的父母，而去尊敬他人的父母，这就叫作悖礼。如果认为这样的行为是正确的，那就错了。人民就无从效法了。因此，如果一个人的行为不依照善德行事，而都表现在凶德上，即使一时侥幸得到崇高的地位，但真正有才德的

周文王

周文王（前1152年—前1056年）姬姓，名昌。商代人，季历之子，商末西方诸侯之长，在位五十余年。商纣时为西伯，亦称西伯昌，因崇侯虎向纣王进谗言而被囚，后得释归，死后追为文王。

中国古代教育智慧

介子推母子

君子不会认为这种地位是可贵的。君子和一般悖乱的小人是不一样的。君子所说的每一句话，都先思量能否获得人家的称赞；君子所做的每一件事，都先思量能否获得人家的喜悦；君子的立德行义，都能为人尊敬；君子的事业作为，都能为人效法；君子的容貌举止，都能为人仰望；君子的一进一退，都能为人度量。君子就是以上述的六件事来统治他的人民，因而人民既敬服他又拥戴他，并处处效法和模仿他。因此，君子能轻易地完成他的德教，很顺利地推行他的政令。

《诗经·曹风》上说："一个善良有德行的君子，他的威仪一点也没有差错。"

【故事】

清明节的传说

春秋时期，晋公子重耳为逃避迫害而流亡国外。流亡途中，在一处渺无人烟的地方，又累又饿，再也无力站起来。随臣找了半天也找不到一点吃的，正在大家万分焦急的时候，随臣介子推走到僻静处，从自己的大腿上割下了一块肉，煮了一碗肉汤让公子喝了，重耳渐渐恢复了精神。当重耳发现肉是从介子推的腿割下的时候，流下了眼泪。

十九年后，重耳作了国君，也就是历史上的晋文公。文公即位后重重赏了当初伴随他流亡的功臣，唯独忘了介子推。很多人为介子推鸣不平，劝他面君讨赏，然而介子推最鄙视那些争功讨赏的人。他打好行装，带着老母亲悄悄地到绵山隐居去了。

　　晋文公听说后，羞愧莫及，亲自带人去请介子推，然而介子推已离家去了绵山。绵山山高路险，树木茂密，找寻两个人谈何容易。有人献计，从三面火烧绵山，逼出介子推来。大火烧遍绵山，却没见介子推的身影。火熄后，人们才发现背着老母亲的介子推已坐在一棵老柳树下死了。晋文公见状，恸哭。装殓时，从树洞里发现一血书，上写道："割肉奉君尽丹心，但愿主公常清明。"为纪念介子推，晋文公下令将这一天定为寒食节。

　　第二年晋文公率众臣登山祭奠，发现老柳树死而复活。便赐老柳树为"清明柳"，并晓谕天下，把寒食节的后一天定为清明节。

《孝经》的教育智慧

晋文公重耳

　　晋文公（前697年—前628年），姓姬，名重耳。春秋时期著名的政治家，晋国国君，在位九年，在赵衰、狐偃、贾佗、先轸、魏武子等人的辅助下成为春秋五霸之一。

中国古代教育智慧

孔子行教

纪孝行章 第十

【原文】

子曰:"孝子之事亲也,居则致其敬①,养则致其乐②,病则致其忧③,丧则致其哀④,祭则致其严⑤,五者备矣,然后能事亲。事亲者,居上不骄,为下不乱,在丑不争⑥。居上而骄则亡,为下而乱则刑,在丑而争则兵。三者不除,虽日用三牲之养⑦,犹为不孝也。"

【注释】

①孝子之事亲也,居则致其敬:居,日常的家庭生活。致,尽、极的意思。《曾子·立孝篇》云:"君子之孝也,尽力而有礼,庄敬而安之。"《礼记·坊记篇》云:"小人皆能养其亲,君子不敬何以辨?"《礼记·内则》云:"出入或先或后,而敬扶持。问所欲而敬进之,柔色以温之。有命之,应唯,敬对,皆于平居尽其子职而至于其极也。"这句的意思是作为一个孝子在日常的起居生活中,要用最敬重的心事奉父母。

②养则致其乐:据《礼记·内则》载,曾子云:"孝子之养老也,乐其心,不违其志,乐其耳目,安其寝居,以其饮食忠养之。"《曾子·有疾篇》云:"故人之生也,百岁之中,有疾病焉。有老幼焉,故君子思其不复者,而先施焉。亲戚既没,虽欲孝,谁为孝?"所以,这句话的意思是孝子要用最愉悦

66

的心情去服侍自己的父母。

③病则致其忧：《论语》云："孟武伯问孝，子曰：'父母唯其疾之忧。'"《礼记·文王世子篇》云："文王之为世子，朝于王季，日三……其有不安节，则内竖以告文王，文王色忧，行不能正履……武王帅而行之，不敢有加焉。文王有疾，武王不脱冠带而养。"《礼记·曲礼篇》云："父母有疾，冠者不栉，行不翔，言不惰，琴瑟不御，食肉不至变味，饮酒不至变貌，笑不至矧，怒不至詈，疾止复故。"又云："君有疾，饮药，臣先尝之。亲有疾，饮药，子先尝之。医不三世，不服其药。"这句话的意思是孝子在父母生病的时候要用最忧虑的心情去照料他们。

④丧则致其哀：丧，死亡。《礼记·檀弓篇》云："丧礼，哀戚之至也。"又云："辟踊，哀之至也。"又云："反哭之吊也，哀之至也。"又《三年问篇》云："三年者，称情而立文，所以为至痛极也。斩衰苴杖，居倚庐，食粥，寝苫枕块，所以为至痛饰也。"《论语·子张篇》云：子游曰："丧致乎哀而止。"又《阳货篇》云："夫君子之居丧，食旨不甘，闻乐不乐，居处不安。"又云："夫三年之丧，天下之通丧也。"又《述而篇》云："子食于有丧者之侧，未尝饱也。子于是日哭，则不歌。"《曾子·大孝篇》云："父母既殁，以哀祀之。"又《本孝篇》云："死则哀以莅焉。"又《立事篇》云："居哀而观其贞也。"这句话

周武王

周武王是西周的第一代王。姬姓，名发，周文王次子。他继承父亲遗志，于公元前11世纪消灭殷商朝，夺取全国政权，建立了西周王朝，表现出卓越的军事、政治才能，成为中国历史上一代名君。

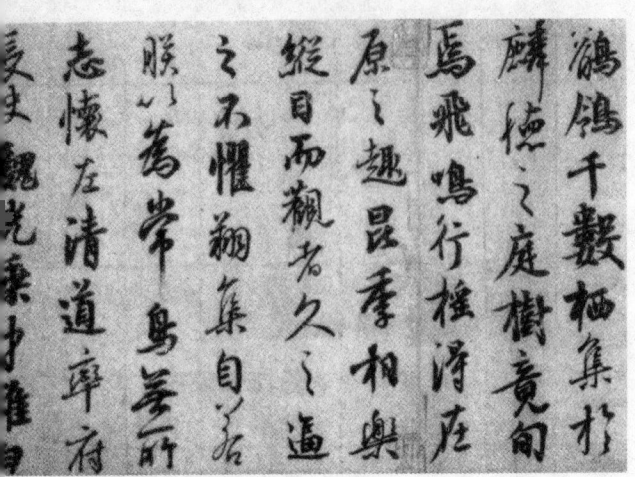

唐玄宗李隆基书法

的意思是孝子在父母去世时要用最伤痛的心情来料理丧事。

⑤祭则致其严：祭，指用仪式来对死者表示悼念或敬意。《论语·八佾篇》云："祭神如神在。"又《为政篇》云："死，祭之以礼。"《公羊传》桓八年："君子之祭也，敬而不黩。"《礼记·祭义篇》云："孝子之祭也，尽其悫而悫焉，尽其信而信焉，尽其礼而不过失焉，进退必敬，如亲听命，则或使之也。"《中庸》第十九章："事死如事生，事亡如事存，孝之至也。"这句话的意思是孝子在祭祀自己的父母时要用最严肃的态度来追思他们。

⑥居上不骄，为下不乱，在丑不争：丑，类，同类。《论语·学而篇》云：有子曰："其为人也孝悌，而好犯上者鲜矣。不好犯上而好作乱者，未之有也。"《大学·释治国平天下章》云："上老老而民兴孝，上长长而民兴悌，上恤孤而民不倍。"《中庸》第二十七章云："居上不骄，为下不倍。"《曾子·立事篇》云："庶人旦旦思其事，战战惟恐刑罚之至也。"唐玄宗曰："居上不骄，当庄敬以临下；为下不乱，当恭谨以奉上；在丑不争，当和顺以从众。"

⑦三牲之养：三牲，指牛、羊、猪。三牲之

养,即用佳餐美味,供养父母之意。

【译文】

孔子说:"作为一个孝子,在日常的起居生活中要以最诚敬的心情去周到地照顾父母;奉养时,要以最和悦的心情任劳任怨地服侍父母;父母生病时,要以最忧虑的心情照料父母;父母过世时,要以最哀痛的心情来料理后事;举行祭祀时,要以最严肃的态度来追思父母。以上所说的五个方面都能做到,才称得上是能事奉双亲的孝子。事奉双亲的孝子,身居高官厚禄的位置上也要谦虚而不敢骄傲自大;地位低下之时也不敢悖乱违法为非作歹;在人群中不与人发生争斗、计较。身居高位的,要是因此而骄傲自大,必定会招惹祸端导致身亡;身居下位的,要是悖乱违法为非作歹,必定会受到刑罚制裁而使父母受到牵连;在人群中,要是与人争斗、计较,必定难免大动干戈。这三种不除去,即使每天用三牲供养父母,仍然不能算是一个孝子。"

曾子著书

【故事】

曾子曾元"孝"不同

曾子是孔子的得意弟子之一,他德才兼备,十分孝顺。奉养他的父亲曾晳时,每顿饭都会有酒有肉。父亲吃完饭,他把食物拿走时,都会请示父亲,剩下的酒肉给谁;如果父亲问

中国古代教育智慧

曾子杀猪雕像

有没有剩余,他都会告诉父亲有。他对父亲的奉养是真正的孝顺,是后人的榜样。

曾元是曾子的儿子,曾晳死后,曾元奉养他的父亲曾子时,每餐也是有酒有肉。父亲吃毕,他拿走食物时却不请示剩余的给谁;父亲如果问有没有剩余的了,就回答说没有了,这是准备拿吃剩的下顿再给父亲食用。这就是人们所说的仅仅是供养父母的身体。像曾子那样,才可称为奉养父母的意愿亲情。侍奉双亲像曾子那样的人,才算可以。

五刑章　第十一

【原文】

子曰："五刑之属三千①，而罪莫大于不孝②。要君者无上③，非圣人者无法④，非孝者无亲⑤。此大乱之道也⑥。"

古代刑罚

【注释】

①五刑之属三千：五刑，古代五种轻重不同的刑罚即墨、劓、刖、宫、大辟。墨者，黥面。劓者，割鼻。刖者，刖足。宫者，男割势，下蚕室，女闭幽宫中。大辟者，斩首。

②而罪莫大于不孝：罪行没有比不孝更大的。唐玄宗曰："条有三千，而罪之大者，莫过于不孝。"《孟子·离娄篇》云："世俗所谓不孝者五：惰其四肢，不顾父母之养，一不孝也；博弈，好饮酒，不顾父母之养，二不孝也；好货财，私妻子，不顾父母之养，三不孝也；纵耳目之欲，以为父母戮，四不孝也；好勇斗狠，以危父母，五不孝也。"《曾子·大孝篇》云："身者亲之遗体也，行亲之遗体，敢不敬乎？故居处不庄，非孝也；事君不忠，非孝也；莅官不敬，非孝也；朋友不信，非孝也；战阵无勇，非孝也。五者不遂，灾及乎身，敢不敬乎？"《尚书·大禹谟》云："汝作士，明于五刑以弼五教。"又《皋陶谟》云："天命有德，五服五章哉；天讨有罪，五刑五用

古代侮辱刑

哉！"《吕氏春秋·孝行览》云："商书曰：'刑三百，罪莫重于不孝。'"

③要君者无上：要，要挟，胁迫。《论语·宪问篇》云："子曰：'臧武仲以防，求为后于鲁，虽曰不要君，吾不信也。'"这句话的意思是用武力威胁君王的人在他的心目中就没有君王的存在。

④非圣人者无法：非，诽谤，诋毁。这句话的意思是用言语诋毁圣人的人在他的心目中就没有法理的存在。

⑤非孝者无亲：范祖禹云："人之善莫大于孝。故圣人制刑，不孝，则不道先王之法言，而无法，于是乎敢非圣人。不孝，则不爱其亲而无亲，于是敢非孝。故曰此大乱之道也。明其当为莫大之罪也。"这句话的意思是不孝敬父母的人他心目中就没有父母的存在。

⑥大乱之道：大乱的根源。道，根源。

【译文】

孔子说："属于五刑的犯罪条款有三千多条，在这三千多条大小不等的罪行中，以犯不孝罪所判的刑罚最重。凡是以武力胁迫君王以达到个人目的的人，在他的心目中就没有君王的存在；凡是以言语诽谤圣人出言不逊的人，在他的心目中就没有法理的存在；凡是不孝顺自己父母的人，在他的心目中就没有双亲的存在。以上所说的三种人，是人间一切祸乱的主要根源。"

【故事】

钱氏孝心全家免疫

清代顺治甲午年三月，江苏省武进县（古名晋陵）城东有一个叫顾成的人，他娶了钱氏小姐为妾。钱氏小姐贤淑孝顺，对顾家上下老小都照顾得体贴人微。

有一次，钱氏回娘家看望父母，没走几日忽然夫家乡间流行急性疫病，传染得很快，病死的人很多，有的全家数口都死于这场疾病，也有一条巷中的人大半死去，只剩下数人。病势的凶猛，令人心惊胆战。得了这种急性疫病的人，就算是至亲也不敢过问，都害怕被传染而躲开。顾成夫妇也不幸染了此疫，后来他的儿女等一家八人全都染上了疫病。钱氏在娘家听到了公公婆婆都患了疫病的消息，急忙要回夫家视病，她的父母爱女心切，恐怕女儿也会染到疫病，所以力劝她暂时不要回去，等这场瘟疫过去再回。可是钱氏深明大义，她说："丈夫娶妻，原是希望我能侍奉公婆，现在公婆病危，倘若我忍心不归，那与禽兽何异！"终于不顾父母的反对，不怕疫病的猖獗，她只身回到了夫家。当钱氏回到夫家以后，顾成夫妇及其他染疫的全家八人都霍然而愈。当时的人，都认为顾成全家能免于疫病的死亡是由于钱氏至孝的感应。

《孝经》的教育智慧

清顺治皇帝

顺治帝福临（1638年—1661年），是清朝入关后的第一位皇帝，庙号世祖。

广要道章 第十二

仇英·孝经图（一）

仇英（1498年—1552年），字实父，一作实甫，号十洲，太仓（今江苏太仓）人，是明代有代表性的画家之一，与沈周、文征明和唐寅被后世并称为"明四家"，亦称"天门四杰"。

【原文】

子曰："教民亲爱①，莫善于孝。教民礼顺，莫善于悌②。移风易俗，莫善于乐③。安上治民，莫善于礼④。礼者，敬而已矣⑤。故敬其父则子悦⑥，敬其兄则弟悦，敬其君则臣悦。敬一人而千万人悦，所敬者寡，而悦者众，此之谓要道也⑦。"

【注释】

①教民亲爱：司马光曰："亲爱谓和睦。"教民亲爱，意思是用亲善仁爱的道德去教育民众。

②教民礼顺，莫善于悌：顺，顺序，这里指长幼之序。悌，敬事兄长，尊敬长上。荀子曰："礼者，人之所履也。"又曰："礼者，法之大分，群类之纲纪也。"《论语·学而篇》云："孝悌也者，其为仁之本与！"又云："弟子入则孝，出则悌。"《大学·释治国平天下章》云："上老老而民兴孝，上长长而民兴悌。"《礼记·祭义篇》云："立爱自亲始，教民睦也；立敬自长始，教民顺也。教以慈睦，而民贵有亲；教以敬长，而民贵用命；教以事亲，顺以听命，错诸天下，无所不行。"《尚书·伊训篇》云："立爱惟亲，立敬惟长，始于家邦，终于四海。"这句话的意思是教导百姓

懂得长幼之序,没有比用敬事兄长的悌道更好的办法了。

③移风易俗,莫善于乐:移风易俗,指改变社会风气和习俗。乐,指音乐。郑玄注:"夫乐者,感人情者也。乐正则心正,乐淫则心淫也。"《礼记·乐记篇》云:"乐者,音之所由生也。其本在人心之感于物也。"又云:"是故先王之制礼乐也,非以极口腹耳目之欲也,将以教民平好恶而反人道之正也。"又云:"乐由中出,礼自外作。乐由中出,故静;礼自外作,故文。大乐必易,大礼必简。乐至则无怨,礼至则不争。揖让而治天下者,礼乐之谓也。暴民不作,诸侯宾服,兵革不试,五刑不用,百姓无患,天子不怒,如此则乐达矣。"又云:"乐也者,圣人之所乐也,而可以善民心。其感人深,其移风易俗,故先王著其教焉。"又云:"故乐行而伦清,耳目聪明,血气和平,移风易俗,天下皆宁。"这句话的意思是要想改革民情风俗,没有比用音乐更好的办法了。

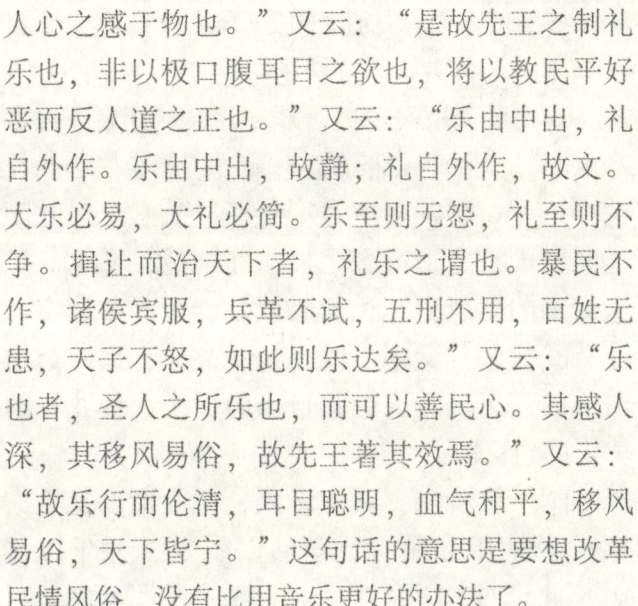

仇英·孝经图(二)

④安上治民,莫善于礼:易之履曰,"君子以辨上下,定民志。故礼者,经纶天下之大经,立天下之大本也。"《荀子·修身篇》云:"故人无礼则不生,事无礼则不成,国家无礼则不宁。"《论语·宪问篇》云:"上好礼,则民易使也。"《礼记·礼运篇》云:"故圣人所以治人七情,修十义,讲信修睦,尚辞让,去争夺,舍

中国古代教育智慧

仇英·孝经图（三）

礼何以治之？"《经解篇》云："是故，隆礼由礼，谓之有方之士；不隆礼不由礼，谓之无方之民，敬让之道也。故以奉宗庙则敬，以入朝廷则贵贱有位，以处室家则父子亲兄弟和，以处乡里则长幼有序。孔子曰：'安上治民，莫善于礼。'此之谓也。"这句话的意思是让君主安心、让百姓太平，没有比用礼节更好的办法了。

⑤礼者，敬而已矣：郑玄注："礼者，敬之本也。"《孟子·告子篇》云："恭敬之心，礼也。"《荀子·劝学篇》云："故学至乎礼而止矣，夫是之谓道德之极。礼之敬，文也。"这句话的意思是礼说到底就是一个"敬"字。

⑥故敬其父则子悦：悦，高兴，喜欢。这句话的意思是有人敬重自己的父亲，作儿子的一定感到喜悦。

⑦所敬者寡，而悦者众，此之谓要道也：寡，少。郑玄注："孝悌以敬之，礼乐以化之，此谓要道也。"《论语·学而篇》云："君子务本，本立而道生，孝悌也者，其为仁之本与！"这句话的意思是所敬的人少，而高兴的人却很多，这就是所说的要道啊。

【译文】

孔子说："教化百姓和睦相处，没有比用奉养父母的孝道更好的办法了。教导百姓懂得长幼之序，没有比用尊敬兄长的悌道更好的办法了。想要改革民情风俗，没有比用音乐更好的办法了。让君王安心，使民众太平，没有比用礼节更好的办法了。礼，诚敬而已。所以，如果有人敬爱自己的父亲，作儿子的一定感到喜悦。有人敬爱自己的兄长，作弟弟的一定感到喜悦；有人敬爱自己的君王，作臣民的一定感到喜悦；敬爱一人，而使千万人喜悦，所敬爱的人虽少，但喜悦的人却很多，这就是所谓的要道啊！"

【故事】

刘瓛束带

南齐时期的刘瓛，是一位非常有德行的君子。他学识渊博，为人恭敬谨慎、刚方正直，与他的哥哥都深为当世人所尊重。有一天晚上，哥哥突然想到有一件事要跟弟弟作交代，于是就在隔壁房间叫着弟弟的名字。话音刚落，刘瓛那边马上传来了一阵穿衣服的声音。可是等了很久，却没有听到刘瓛的回答。过了好一阵子，才传来了弟弟毕恭毕敬的声音："哥哥，您有什么事情吗？"

哥哥有些生气，就责问他说："你怎么这么久才回答？"

刘瓛抱歉地说："实在对不起啊哥哥，因为我的腰带还没有系好，穿得这么随便，就回您的话，实在是太失礼了。"

原来，当时刘瓛已经躺在床上睡觉了。他一听到哥哥在叫他，就赶紧下了床，把白天穿

《孝经》的教育智慧

南齐绘画欣赏

中国古代教育智慧

刘玭束带

的正式衣服拿出来,迅速穿上,束好腰带,全身上下都收拾得整整齐齐,并毕恭毕敬地站好了之后,才回应哥哥。

在《礼记·曲礼》中,一开端就说:"曲礼曰,毋不敬"。"毋不敬"就是指哪怕是任何微小的细节都不忘恭敬谨慎的态度。从这件小事中不难看出,刘玭连小事都如此的谨小慎微,当他身临大节的时候更是会毫不苟且了。

有一次,刘玭和朋友孔澈一起坐船游览。沿途山高水阔、非常壮美,置身其中真是神清气爽、心胸开阔。突然间,从远处传来了一阵又一阵美妙的歌声,寻声望去,原来是许多美丽的少妇出门踏青。这些女子长得美丽,孔澈的目光立刻就被吸引住了。他起初碍于情面,先是偷偷地看上几眼,后来竟不知不觉陶醉其中,目光一直跟随着这些美丽的少妇,完全忘掉了身旁的刘玭。圣人曾说"非礼勿视",不该看的不看,在异性面前的举止言动也是如此,像这样特意地端详观瞻,很显然是失礼不当的。刘玭对孔澈的表现感到甚为不齿,于是就不再和他说话,独自搬到另一边去坐,表示他不愿意和心行不端良的人做朋友。孔澈遂感到很窘迫羞愧,只好低头忏悔反省。

刘玭能够成为一代名臣,无不归功于他至诚的孝顺与友爱,这一切都离不开他自幼的严于律己、谦卑恭敬。刘玭的故事启发我们,任何事情,君子都要不失其恭敬之心。

广至德章　第十三

【原文】

子曰:"君子之教以孝也,非家至而日见之也①。教以孝,所以敬天下之为人父者也。教以悌,所以敬天下之为人兄者也。教以臣,所以敬天下之为人君者也。《诗》云:'恺悌君子,民之父母②。'非至德,其孰能顺民如此其大者乎③?"

仇英·孝经图(四)

【注释】

①非家至而日见之也:家至,家家亲自都到。日见,每天都见面。郑玄注:"言教非门到户至,而日见而语,但行孝于内,流化于外也。"又:"天子父事三老,兄事五更。"

②恺悌君子,民之父母:恺悌,慈祥和易的。《礼记》云:"子言之,君子之所谓仁者,其难乎!"《诗》云:"恺悌君子,民之父母。恺以强教之,悌以悦安之,乐而无荒,有礼而亲,威庄而安,孝慈而敬。使民有父之尊,有母之亲。"

③非至德,其孰能顺民如此其大乎:顺民,适合民心,顺应民意。意思是没有至高无上的德行,谁能有这样伟大的顺应民心的力量呢?

【译文】

孔子说:"君子以孝道教化人民,并不需要亲自沿着家家户户讲述孝的意义,而是以

中国古代教育智慧

懿文太子朱标墓壁画

自己日常的孝行感化人。君子教化人民都能够推行孝道，为的是要人民尊敬天下的父母。君子教化人民都能够推行悌道，为的是要人民尊敬天下的兄长。君子教化人臣奉守为臣之道，为的是要为臣的尊敬天下的君王。《诗经·大雅》上说：'和乐有礼的君子，不愧是人民的父母。'要不是具有推行孝道这至高无上的美德，谁能有这样伟大的顺应民心的力量呢！"

【故事】

朱元璋教子

明朝的开国皇帝朱元璋十分重视对子女进行礼仪教育。无论参加什么活动、出席什么场合，他都会提醒他的孩子要注意礼节。当他的儿子朱标被立为继承人之后，他更注意对朱标的培养了。

按照历代的传统，每年冬至这一天，朱元璋都要带领文武百官去南郊行祭天之礼。有一年的冬至到了，朱元璋让朱标也一同前往。在前往南郊的途中，有一个小村庄，小村庄里住着很多贫穷的老百姓。当大队车马经过小村时，朱元璋让朱标下马步行到村子里去访问。在大臣的指引之下，朱标来到一户农家的门前，这户人家是一对年过六旬的老夫妇。也许是因为看不起，也许是因为太匆忙，朱标不屑一顾地看了一眼那破裂的柴门之后便要离开。

其实，朱元璋把这一切都看在了眼里，他很生气，命令大臣传话过去，让朱标向那两

《孝经》的教育智慧

朱无璋

位老人施礼道歉。朱标这时仔细一看，只见两位老人穿的是破衣破裤，寒风让他们不断地发抖。朱标赶紧上前施礼，不由得也产生了一种不劳而获的羞惭之感。正在这时，有位大臣已命令随从取了些银两送给两位老人。朱元璋看儿子回来了，正想说话，朱标低下头去，轻声说道："父王，无论对谁，儿子都应当以礼相待，他们都值得我去尊敬。"朱元璋欣慰地点了点头。

中国古代教育智慧

黄道周

黄道周（1585年—1646年），字幼平，号螭平、石斋，漳浦（今属福建）人。明代学者、书画家。1622年进士，崇祯时任右中允，因上疏指斥大臣杨嗣昌等，被谪戍广西。福王朱弘光时官至礼部尚书。弘光政权失败，又与郑芝龙等拥立唐王朱隆武，官武英殿大学士，后往江西征兵，至婺源为清兵所俘，被杀于南京。

广扬名章　第十四

【原文】

子曰："君子之事亲孝，故忠可移于君①。事兄悌，故顺可移于长。居家理②，故治可移于官。是以行成于内，而名立于后世矣③。"

【注释】

①君子之事亲孝，故忠可移于君：移，转移。感情的转移。这是孔子孝道观的一个重要内容。《大学·释齐家治国章》云："君子不出家而成教于国。孝者，所以事君也；悌者，所以事长也；慈者，所以使众也。"《礼记·祭统篇》云："忠臣以事其君，孝子以事其亲，其本一也。"《曾子·大孝篇》云："孝子善事君。盖孝子忠臣，相成之道也。"

②居家理：指善于料理家事。《左传》云："先王，理天下。"

③是以行成于内，而名立于后世矣：《礼记·中庸》云："舜其大孝也与！德为圣人，尊为天子，富有四海之内，宗庙飨之，子孙保之。故大德，必得其位，必得其禄，必得其名，必得其寿。"黄道周曰："君子之立行，非以为名也。然而行立，则名从之矣。事亲孝，事兄悌，居家理，此三者，有修于实，而无其名。事君忠，事长顺，居官治，此三者，有其实而名应之。"

《孝经》的教育智慧

【译文】

孔子说:"君子事奉父母能极尽孝道,那么他事奉君王时才能像精心服侍父母一样极尽忠诚。君子事奉兄长能极尽尊敬,那么他事奉年长者时才能像尊敬兄长一样恭顺。君子治理家务能极尽认真地达到完善,那么他也能以这种精神去为官处事,并做得有条不紊。因此,君子在家若能遵行孝道,培养德行,然后才能在外面建功立业,声誉就可流传于后世了。"

【故事】

袁安卧雪

袁安

袁安是东汉时期的大臣,为官以严明著称,深得人民爱戴。袁安在当官前只是一介贫民,家住在洛阳城内。有一天,半夜时分开始下起大雪,第二天早上,整个洛阳城都变成了白色。按照人们通常的习惯,大雪过后都要清扫家门附近的积雪,以利于行走。于是,天刚蒙蒙亮,就有人出门扫起雪来。

袁安这天也早早地起床,拿起扫帚就要去扫雪。当他打开大门时,却发现有一堆人都在他家门口避寒。大雪纷纷,行人和那些无家可归的人都不敢冒雪前行,就找附近的家门口躲一会儿再走。看着这些人如此可怜,又冷又饿,袁安心中不免为他们伤心。想想自己日子过得也很艰难,但是下雪天还有一间破房子可以避寒,还能喝上一碗热汤驱寒。袁安轻轻地把大门关上,他

中国古代教育智慧

袁安卧雪图

不忍心因为扫雪而赶走这些苦命的人，心想：就让他们在这里避避吧，我没有食物给他们吃，也没有火可以让他们暖身，唯一可以做的就是让他们在我家门口避避寒了。

于是他又回到屋里，屋里其实也不暖和，木炭已经燃尽，他只好又钻到被窝里取暖。按照洛阳城的规定，每户居民有义务清扫自己门前的雪，方便人们行走。袁安几次起来看看家门口的人没有离去，他只能依旧躺在床上。洛阳的地方官出来监督各家各户扫雪，走到袁安家门口时发现厚厚的雪还堆在地上，一点没扫。地方官很生气地推开屋门，看见袁安瞪着双眼，躺在炕上。地方官生气地问道："你要负责扫净你门前的雪。怎么没有扫？"袁安起身说："大人，您也看到了，刚刚我家门前那么多避寒的人。别人家一扫雪他们就被赶走了，于是都跑到我家门口。这么冷的天，他们又冷又饿，我不忍心把他们赶走啊。"

地方官听后很是感动，自己也是穷人的孩子，也知道挨饿受冻的滋味，袁安这样富有同情心，处处为别人着想，如果能为朝廷效力，一定会是个为民造福的好官。于是地方官不但没有责备他，还举荐他当了孝廉。日后袁安历任太仆、司空、司徒等职。他为民请命、不畏权贵、守正不移，为百姓做了许多好事。

谏诤章　第十五

【原文】

曾子曰："若夫①慈爱恭敬，安亲扬名，则闻命矣②。敢问，子从父之令③，可谓孝乎？"

子曰："是何言与④，是何言与！昔者，天子有争臣七人⑤，虽无道，不失其天下⑥；诸侯有争臣五人，虽无道，不失其国⑦；大夫有争臣三人，虽无道，不失其家。士有争友，则身不离于令名⑧；父有争子，则身不陷于不义⑨。故当不义，则子不可以不争于父；臣不可以不争于君⑩。故当不义则争之。从父之令，又焉得为孝乎？"

【注释】

①若夫：连词，表示提起，此处可译为像那些。

②闻命：谦词，意思是说对师长的教导已经领会了。

③从父之令：听从父母的命令或指示。《庄子·田子方》"先君之令。"《释文》"令本作命。"

④是何言与：这是什么话？是，代词。与，语气词。

⑤昔者，天子有争臣七人：争，同"诤"。诤臣指能直言谏诤之臣。郑玄注："七人者，谓太师、太保、太傅、右辅、左弼、前疑、后丞。考此七字，非专指七人，而

挨杖伤老图

汉朝时，有个叫韩伯愈的人，本性纯正，是个著名的孝子。母亲对他管教很严，稍微有点过失就会举杖挥打。一天伯愈在挨打时，竟然伤心地哭泣起来。母亲觉得奇怪，问其原因。他回答道："母亲打我使我疼痛，我知道母亲有力气，身体健康。今天感觉不到疼痛，知道母亲身体衰退，体力微弱。所以伤心禁不住流下了泪水，并不是疼痛难忍。"

《孝经》的教育智慧

· 85 ·

中国古代教育智慧

仇英·孝经图（五）

不得增减也。"此处七人，非实数。

⑥虽无道，不失其天下：虽，即使。无道，没有仁政。这句话的意思是即使他一时缺乏德政，也不会失去天下。

⑦诸侯有争臣五人，虽无道，不失其国；大夫有争臣三人，虽无道，不失其家：《白虎通·谏诤篇》云："诸侯有争臣五人，虽无道不失其国。"《荀子·子道篇》云："昔万乘之国，有争臣四人，则封疆不削。千乘之国，有争臣三人，则社稷不危。百乘之家，有争臣二人，则宗庙不毁。父有争子，不行无礼，士有争友，不为不义。故子从父，奚子孝？臣从君，奚臣贞？审其所以从之之谓孝、之谓贞也。"

⑧士有争友，则身不离于令名：司马光曰："士无臣，故以友争，益者三友。言受忠告，则其身不离远于善名矣。"《论语·季氏篇》云："益者三友，友直、友谅、友多闻，益矣。友便辟、友善柔、友便佞，损矣。"令名，好的名誉。

⑨父有争子，则身不陷于不义：《礼记·内则》云："父母有过，下气怡色，柔声以谏。谏若不入，起敬起孝。说则复谏。"《论语·里仁篇》云："事父母几谏，见志不从，又敬不违，劳而不怨。"《曲礼》云："子之事亲

也,三谏而不听,则号泣而随之。"《曾子·大孝篇》云:"君子之所谓孝者,先意承志,论父母以道。"又《事父母篇》,单居离问于曾子曰:"事父母有道乎?"曾子曰:"有。爱而敬。父母之行,若中道,则从;若不中道,则谏。谏而不用,行之如由己。从而不谏,非孝也;谏而不从,亦非孝也。孝子之谏,达善而不敢争辩。争辩者,作乱之所由兴也。"又《立孝篇》云:"君子之孝也,忠爱以敬,反是乱也。尽力而有礼,庄敬而安之,微谏不倦,听从而不怠,欢欣忠信,咎故不生,可谓孝矣。"

仇英·孝经图(六)

⑩当不义,则子不可以不争于父,臣不可以不争于君:郑玄注云:"君父有不义,臣子不谏诤,则亡国破家之道也。"又云:"委曲从父母,善亦从善,恶亦从恶,而心有隐,岂得谓孝乎?"

【译文】

曾子说:"听您阐述慈爱恭敬,安亲和扬名的各种孝道后,我都明白了。很冒昧地再请问,作儿子的若一味听从父亲的命令,这样能算是孝吗?"

孔子说:"这是什么话呀,这是什么话呀!从前,天子身边设有直言相劝的谏诤臣子七人,即使天子一时触犯王道没有德政,也不会失去他

海瑞

的天下；诸侯身边设有谏争的臣子五人，即使诸侯一时触犯君道，也不会失去他的封地；卿大夫身边也设有谏争的臣子三人，即使卿大夫一时触犯臣道，也不会失去他的乡邑。一般的官吏若有谏争的好友，就能保住一个美好的声誉；做父亲的若有能谏争的儿子，他就不会陷于不义的行为中。因此，做儿子的若看到父亲有不义的行为，就应该直言相劝；为人臣的若看到君王有不义的行为，就应该进言劝止。所以，只要是不义的事情，不管是什么人做的，都要大胆地直言相劝。做儿子的如果一味盲从父亲的命令，那又怎能称为孝子呢？"

【故事】

海瑞抬棺上疏

海瑞（1514年—1587年），明朝著名政治家。海南琼山人，字汝贤、国开，自号刚峰。他自幼攻读诗书经传，博学多才，嘉靖二十八年中举，初任福建南平教谕，后升浙江淳安和江西兴国知县，推行清丈、平赋税，并屡平冤假错案，打击贪官污吏，深得民心。嘉靖四十一年，以罢官抗逆显于后世的海瑞任诸暨知县。嘉靖四十五年任户部云南司主事，上书批评世宗迷信巫术、生活奢华、不理朝政等弊端。嘉靖四十五年，户部主事海瑞买棺材，别妻子，散童仆，以死上疏，劝说世宗不要相信陶仲文这班方士的骗术，应振理朝政，因而激怒世宗，诏命下狱论死。遭迫害入狱。宰相徐阶力救海瑞，黄光升则把海瑞上书比拟为儿子骂父，以减轻罪责，并乘机把海瑞留在狱中，营护海瑞甚力。直至同年十二月世宗驾崩，穆宗即位，才奏请释放海瑞出狱。海瑞在隆庆四年曾前往福建晋江潘湖黄光升尚书府拜谒黄光升，以表营护之恩。隆庆三年调升右佥都御史，他一如既往，惩治贪官，打击豪强，疏浚河道，修筑水利工程，并推行一条鞭法，强令贪官污吏退出还民，遂有"海青天"之誉。

后被排挤，革职闲居十六年。万历十三年重被起用，先后任南京吏部右侍郎、南京右佥都御史，力主严惩贪官污吏，禁止徇私受贿，海瑞听闻潘湖黄光升死去，悲伤至极，带病前来晋江奔丧。后病死于南京。

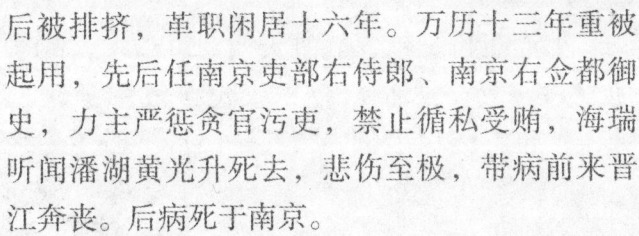

海瑞奏折

海瑞一生刚直不阿，身为人臣，尽到了应尽的孝道。

中国古代教育智慧

孔子行教图（局部）

感应章 第十六

【原文】

子曰："昔者，明王事父孝，故事天明。事母孝，故事地察①。长幼顺，故上下治。天地明察，神明彰矣②。故虽天子，必有尊也，言有父也③；必有先也，言有兄也。宗庙致敬，不忘亲也④。修身慎行，恐辱先也⑤。宗庙致敬，鬼神著矣⑥。孝悌之至，通于神明，光于四海，无所不通⑦。《诗》云：'自西自东，自南自北，无思不服。'"

【注释】

①明王事父孝，故事天明。事母孝，故事地察：《易》云："乾，天也，故称乎父。坤，地也，故称乎母。"孔子曰："明于天之道，而察于民之故。"孟子曰："舜明于庶物，察于人伦。"故郑注云："尽孝于父，则事天明。尽孝于母，能事地察。"

②神明彰矣：神明，宗教迷信中认为的一种超自然的具有人格和意志的力量。彰，表扬、赞许的意思。

③故虽天子，必有尊也，言有父也：《礼记·祭义篇》云："至孝近乎王，虽天子必有父。至悌近乎霸，虽诸侯必有兄。先王之教，因而弗改，所以领天下国家也。"《春秋繁露》云："虽天子必有尊也，教以孝也；必有先也，教以悌也。"这句话的意思是说即使贵

为天子，也必定有比他更尊贵的，那就是他的父亲。

④宗庙致敬，不忘亲也：宗庙，祭祀先祖的地方。郑玄注："设宗庙四时斋戒以祭之，不忘其亲。"《礼记·祭统篇》云："春秋祭祀，以时思之，不忘亲也。"《中庸》第十九章云："宗庙之礼，所以序昭穆也。"又云："宗庙之礼，所以祀乎其先也。"这句话的意思是说到宗庙祭祀祖先时要极尽诚敬，这是不敢忘记祖先的恩德。

⑤修身慎行，恐辱先也：修身，指修养身心。慎行，行为小心谨慎。先，先祖。司马迁《报任少卿书》云："行莫丑于辱先。"李善注："先，祖也。"郑玄注云："修身者，不敢毁伤。慎行者，不历危殆。恐其辱先也。"《大学》云："自天子以至于庶人，壹是皆以修身为本。"这句话的意思是说平日里修身养性，谨慎自己的言行，这是唯恐玷污了祖先的英名。

⑥宗庙致敬，鬼神著矣：鬼神，即宗庙之祖先。著，明显。《易》云："阴阳不测之谓神。"《论语·八佾篇》云："祭如在，祭神如神在。"子曰："吾不与祭，如不祭。"《孟子·离娄篇》云："养生者不足以当大事，惟送死可以当大事。"这句话的意思是说祭祀祖先时能极尽敬爱之心，那么鬼神也会显示他的功德。

⑦孝悌之至，通于神明，光于四海，无所不通：《曾子·大孝篇》云："夫孝者，天下之大经也。夫孝，置之而塞乎天地，溥之而横乎四

司马迁（前145年或前135年—？），字子长，左冯翊夏阳（今陕西韩城西南）人。西汉史学家，文学家。他是中国历史上伟大的史学家，因直言进谏而遭宫刑，却因此更加发愤著书，创作了名震古今中外的史学巨著《史记》，留下了一笔珍贵的文化遗产。

司马迁

中国古代教育智慧

海，施诸后世而无朝夕，推而放诸东海而准，推而放诸西海而准，推而放诸南海而准，推而放诸北海而准。"

【译文】

孔子说："从前，圣明的君王事奉父亲非常孝顺，所以，在郊祀天帝时能明白上天降生万物的道理。圣明的君主事奉母亲非常孝顺，所以，在社祭后土时能了解大地孕育万物的道理。在宗族中，长幼的次序皆能和顺，那么上尊下卑的地位也就能治理得很好。能明察天地降生和孕育万物的道理，也就能获得神明的降福与庇佑。所以，即使贵为万民的天子，但还有比他更尊贵的人，那就是他的父亲；还有比他更先出生的人，那就是他的兄长。到宗庙祭祀祖先时，必诚心表示敬意，这是不敢忘记他的祖先。平日里更要修身养性，谨慎自己的行为，这是不敢玷辱祖先的声誉；天子在宗庙祭祀祖先时，能诚心表示敬意，那么鬼神必显扬他的功德。孝悌的最高境界，就是能感通神明，能感化四海万邦的臣民，能使人人相互感应。《诗经·大雅篇》上说：'自西自东，自南自北，没有人不诚心服从。'"

【故事】

李密上表辞官孝祖母

李密（224年—287年），一名虔，字令伯，犍为郡武阳县（今彭山）人，西晋文学家。所著

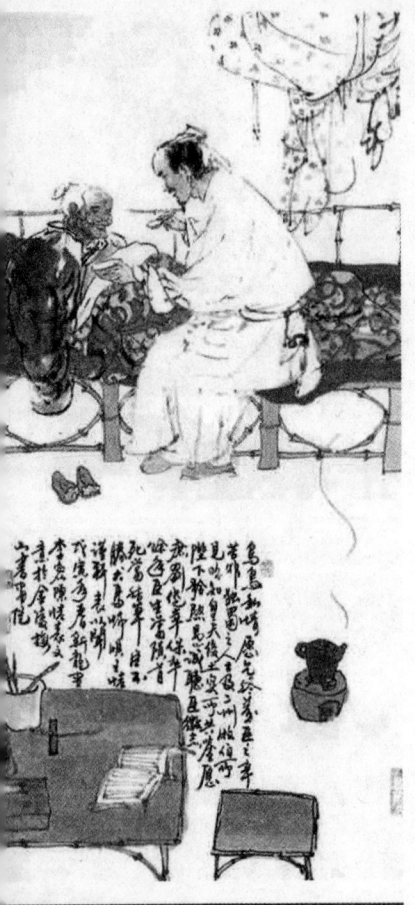

李密孝顺祖母

《孝经》的教育智慧

《陈情表》乃千古名篇，为历代所称颂。

李密的祖父李光，东汉末年做过朱提郡太守。但李密从小境遇不佳，出生六个月丧父，四岁时舅父又强迫母亲改嫁。李密被父母纷纷抛弃，恋母情深，思念成疾。祖母刘氏为了能把他培养成人，亲自抚养他，对他关怀备至。长大后的李密也以侍奉祖母孝顺和恭敬闻名当时。祖母刘氏一有病，他就哭泣，侍候祖母，夜里未曾脱衣。为祖母端饭菜、端汤药，他总要尝过之后才让祖母享用。

李密奉亲陈表

他后来在蜀汉做郎官。蜀中平定后，泰始初年，晋武帝委任他为太子洗马。他因为祖母年高，无人奉养，没有接受官职。他著《陈情表》上书武帝说："我如果没有祖母，也就不能活到今天。祖母如果没有我，就不能安度晚年。我们祖孙二人相依为命，因为我的区区私情，我不敢离开祖母而远行。我今年四十四岁，祖母今年九十六岁，我为陛下效劳的时日还很长，可是我报恩于祖母的日子却很短。因奉养老人的私情，我请求皇上准许我为祖母养老送终。"

武帝同情他，并同意暂不征聘，并嘉奖其孝敬长辈的一片孝心，赏赐奴婢二人，下诏指令郡县专门发给他赡养祖母的费用。

中国古代教育智慧

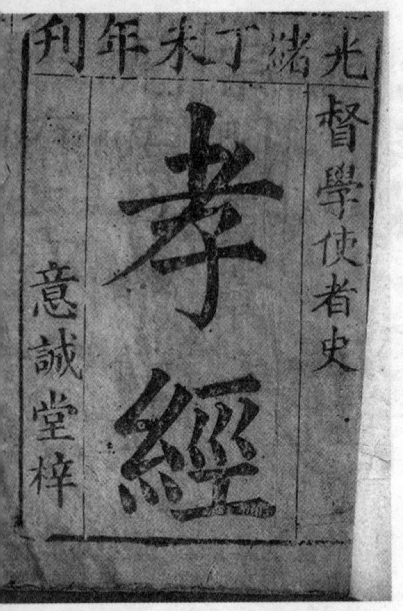

光绪年间木刻

事君章　第十七

【原文】

子曰："君子之事上也①，进思尽忠，退思补过②，将顺其美，匡救其恶③，故上下能相亲也。《诗》云：'心乎爱矣，遐不谓矣④？中心藏之⑤，何日忘之？'"

【注释】

①事上：侍奉君王。

②进思尽忠，退思补过：进，指为朝廷做事。退，回到家里。郑玄注："死君之难为尽忠。"韦昭曰："退居私室，则思补其身过。"进思尽忠，是说出而为国家做事，要想到怎样尽忠心，没有一点虚伪不实之处。退思补过，是说回到家里要反省修身，有没有做错事情。

③将顺其美，匡救其恶：将，助。匡救，扶正补救。郑玄注："善则称君，过则称己也。"司马光曰："将，助也。"这句话的意思是对于君王的美政，要帮助其推行；对于君王的过失，也要匡正补救。

④遐不谓矣：遐，通"何"。谓，说。

⑤中心藏之：中心，即心中。藏，隐藏。

【译文】

孔子说："君子事奉君王，上朝时必须考虑如何尽忠职守，退朝后应当反省修身补救过失。对于君王的美政，要帮助顺从推行；对于君王的过失，也要匡正补救。这样，君臣间就能相亲相爱了。《诗经·小雅》上说：'心中怀着对君王的敬爱，为什么不说出来呢？要将尽忠的真诚永藏在心中，哪一天能够忘记它呢？'"

【故事】

邹忌讽齐王纳谏

邹忌照镜

邹忌是战国时期齐国著名的美男子，他不仅身高八尺、风度翩翩，还拥有治国安邦之才，因此被齐威王拜为国相，辅佐治理齐国。

有一天早上，邹忌穿好衣服，戴上帽子，照着镜子。恰好这时他的妻子从身边走过，邹忌问妻子说："我跟城北的徐公哪一个更漂亮？"他的妻子说："这还用说，当然是你漂亮，徐公哪里比得上你呀！"原来在齐国国都的北部住着一个徐公，他也是齐国公认的美男子，齐国的人们往往将这两人相提并论。邹忌觉得他妻子的话不可信，不相信自己比徐公更美，于是他又去问他的小妾："我跟徐公到底谁漂亮？"小妾说："徐公哪里比得上您呢！"第二天，有位客人来拜访邹忌，邹忌跟他坐着聊天，然后问他："你觉得我和徐公谁更漂亮呢？"客人连忙说："当然你比徐公漂亮啊！"又过了一天，徐公有事来到邹忌家里。邹忌仔细地欣赏他，自认为自己实在不如他漂亮，而且觉得相差太远了。晚上他睡觉前反复思考这件事，终于明白了："我的妻子赞美我，是因为偏爱我；我的妾赞美我，是因为

中国古代教育智慧

邹忌说齐王

害怕我；我的客人赞美我，是有求于我。他们怎么可能和我说实话呢。"

第二天，邹忌便上朝廷去见齐威王，对齐威王说："我知道我不如徐公漂亮。可是，我的妻子偏爱我，我的妾害怕我，我的客人有求于我，都说我比徐公漂亮。如今齐国的国土有一千多里，城池有一百二十座，王后、王妃和左右的侍从没有不偏爱大王的，朝廷上的臣子没有不害怕大王的，全国的人没有不想求得大王恩赐的。由此看来，大王您受的蒙蔽一定会非常多。"

齐威王听后觉得很有道理，于是很快就下了一道命令："各级大小官员和老百姓能够当面指责我的过错的，得头等奖赏；书面规劝我的，得二等奖赏；能够在公共场所评论我的过错并让我听到的，得三等奖赏。"

命令刚下达，许多大臣都来直言进谏，畅所欲言，宫廷门口和院子里人挤满了，热闹非凡。几个月之后，进谏的人明显少了，偶尔才有一两个人进言规劝。一年以后，有人即使想规劝也没有什么可说的了。齐王的开明，国相的能干，齐国臣民的共同努力，使得齐国的国势蒸蒸日上，在诸侯各国中的影响也日益增大。燕国、赵国、韩国、魏国听说了这件事之后，都到齐国来朝拜了。

邹忌上朝时能为天子尽忠，直言劝谏，回到家中依然能反省自身，寻找自己的不足，真是难得的君子啊！

丧亲章　第十八

【原文】

子曰："孝子之丧亲也，哭不偯①，礼无容，言不文②，服美不安，闻乐不乐，食旨不甘，此哀戚之情也③。三日而食④，教民无以死伤生，毁不灭性，此圣人之政也⑤。丧不过三年⑥，示民有终也。为之棺椁衣衾而举之⑦，陈其簠簋而哀戚之，擗踊哭泣，哀以送之⑧，卜其宅兆⑨，而安措之，为之宗庙，以鬼享之，春秋祭祀，以时思之。生事爱敬，死事哀戚，生民之本尽矣，死生之义备矣⑩，孝子之事亲终矣。"

仇英·孝经图（七）

【注释】

①孝子之丧亲也，哭不偯：偯，哭泣的余声，以致气竭声嘶，已到悲伤痛哭的极点。《礼记》云："斩衰之哭，若往而不反。齐衰之哭，若往而反。大功之哭，三曲而偯。"

②礼无容，言不文：《国语·周语》韦昭注，"容，仪容也。"《礼记·丧大记篇》云："父母之丧，居倚庐，不涂，寝苦枕块，非丧事不言。"又《丧服四制篇》云："三年之丧，居不言。

③服美不安，闻乐不乐，食旨不甘，此哀戚之情也：乐，前一个乐为音乐的乐，后一个乐为快乐的乐。旨，鲜美的食物。甘，香甜。

中国古代教育智慧

仇英·孝经图（八）

郑玄注："去文绣，衣衰服也。孝子三日成服，衰麻而服三年丧也。"《白虎通·丧服篇》云："丧礼必制衰麻，盖服以饰情，情貌相配，中外相应，故吉凶不同服，歌哭不同声，所以表中诚也。"《礼记·问丧篇》云："痛疾在心，故不甘味，身不安美也。"又《闲传篇》云："故父母之丧，既殡食粥，朝一溢米，莫一溢米；齐衰之丧，疏食水饮，不食菜果；大功之丧，不食醯酱；小功缌麻，不饮醴酒。"又《丧服四制》云："父母之丧，衰冠绳缨菅屦，三日而食粥，三月而沐，期十三月而练冠，三年而祥。"《论语》云："夫君子之居丧，食旨不甘，闻乐不乐，居处不安。"

④三日而食：三日而食，指古时丧礼，父母之丧三天以后，才有正常饮食。

⑤教民无以死伤生，毁不灭性，此圣人之政也：《曲礼》云："居丧之礼，毁瘠不形。"《礼记·檀弓篇》云："毁不危身。"《礼记·三年问》云："夫三年之丧，天下达丧也。"郑玄注云："达，谓自天子至于庶人。"《中庸》第十八章云："三年之丧，达乎天子；父母之丧，无贵贱一也。"

⑥丧不过三年：指守丧之期不可超过三年。《论语·阳货篇》云："子生三年，然后免于父母之怀。夫三年之丧，天下之通丧也。"《礼记·丧服四制》云："始死，三日不怠，三月不解。期悲哀，三年忧，恩之杀也。圣人因杀以制节，此丧之所以三年。贤者不得过，不肖者不得不及，此丧之中庸也，王者之所常行也。"

仇英·孝经图（九）

⑦为之棺椁衣衾而举之：棺，棺材。椁，套于棺材外之木盖。衣，寿衣。衾，丧礼用的被单。举，举葬，举行小敛及大敛的礼节。《礼记·檀弓篇》云："殷人棺椁。"郑玄注："椁，大也，以木为之，言椁大于棺也。殷人尚梓。"又《丧大记》曰："君松椁，大夫柏椁，士杂木椁。"郑玄注云："周尸为棺，周棺为椁。"《孟子·公孙丑篇》云："古者棺椁无度。中古棺七寸，椁称之，自天子达于庶人；非直为观美也，然后尽于人心。"又《滕文公篇》云："掩之诚是也，则孝子仁人之掩其亲，亦必有道矣。"

⑧擗踊哭泣，哀以送之：擗，拊心曰擗，拍胸之意，指女子哭时用手拍胸。踊，顿足曰踊，男子哭时以足顿地。《礼记·问丧篇》云：

中国古代教育智慧

仇英·孝经图（十）

"女子哭泣悲哀，击胸伤心；男子哭泣悲哀，稽颡触地无容，哀之至也。"又《问丧篇》云："辟踊哭泣。"

⑨卜其宅兆：卜，占卜。《礼记·丧大记》郑玄注："卜，卜葬之日也。"《吕氏春秋·举难篇》高注："卜，择也。"宅，墓穴。兆，茔域，坟墓的地界。

⑩生事爱敬，死事哀戚，生民之本尽矣，死生之义备矣：《礼记·曾子问篇》云："曾子曰：父母之丧，弗除可乎？孔子曰：先王制礼，过时弗举，礼也。非弗能勿除也。患其过于制也，故君子过时不祭，礼也。"又《祭义篇》云："君子生则敬养，死则敬享，思终身弗辱也。"吴澄云："亲在，则事之以爱敬；亲死，则事之以哀戚。生死皆致其孝，然后足以尽生民之本，备死生之义。"又云："民之生也，心之德为仁，仁之发为爱。爱亲，本也；及人，末也。故孝为生民之本。义者，宜也。生而爱敬，死而哀戚，理所宜然，故曰死生之义。"

【译文】

孔子说："孝子在父母丧亡时，由于哀伤过度，哭得声嘶力竭，以致泣不成声。礼节自

· 100 ·

然没有平时那样庄重；说出来的话也没有什么文采；穿着华丽的衣服，内心会感到极度的不安；听到悦耳的音乐，也毫无快乐的感觉；即使是吃到美味的食物，也不知道甘甜，这就是

仇英·孝经图（十一）

哀伤的具体表现呀！父母丧亡三天后，就可恢复正常饮食，这是教导人民不要因父母的丧亡而伤害到自己的生命，更不可因哀悼父母的丧亡而使活着的人受到伤害，那样做就违背了人性。这是圣人的政令。治丧更不可超过三年，这是向人民表示治丧应有一定期限。父母丧亡时，要准备棺椁衣衾举行小殓和大殓的礼节；在奠堂还应陈列木制祭器，以表示哀伤；捶胸顿足地哭泣着送出殡；选择适当的墓穴安葬；兴建宗庙，以祭祀鬼神的礼仪祭奠父母；举行春秋二祭以追念先人。父母在世之时，事奉父母，要以亲爱恭敬的态度；父母丧亡时，送葬父母，要以悲愁哀伤的心情，这样才算是尽到为人子女应尽的本分，这样养生送终的大义才算是齐全了。这就是孝子事奉双亲的最终表现。"

中国古代教育智慧

滕文公台

【故事】

滕文公——孝的表率

春秋战国时期滕国国君滕定公去世,滕文公继位,他对其老师然友说:"过去我和孟子曾在宋国交谈,我心里一直都没有忘记。现在不幸遭遇了大变故,我想派你去问问孟子,再办理丧事。"

然友于是便到邹国去问孟子。

孟子告诉他:"父母亲的丧事本来就该竭尽自己的心力。曾子说:'健在时依礼侍奉,去世了依礼安葬、依礼祭祀,才可以称得上孝。'诸侯的礼仪我没有学过,不过我曾听说过。三年的丧期,粗布的孝服,用稀饭薄粥充饥,上自天子,下至庶民,夏、商、周三代都这样做。"

然友向滕文公汇报,确定行三年的丧期。滕国的父老、百官都不愿意,说:"辈分比我们高的鲁国,历代国君去世都没有实行,我们以前的国君也没有实行,到了你的手上却要改变,是不行的,而且记载上说'丧葬、祭祀依从祖宗',我们应该把这些继承下来。"

为此,滕文公再次派然友去向孟子请教。

孟子说:"是呀,这是不能勉求他人的。孔子说:'国君去世,太子政务交给冢宰处理,而自己喝粥,面色暗黑,走到孝子的位置上就哀哭。这样，大小官员没有敢不哀伤的，因为太子给他们带了头。'在上的人爱好什么，下面的人必定对此更加爱好。'君子的道德，好比是风；老百姓的道德，好比是草。风吹到草上，草必定倒伏。'这件事就要看太子了。"

然友向滕文公汇报后，滕文公说："是呀，事情确实取决于我。"于是在土屋中居住了五个月，没有下过命令、指示，百官、亲属都赞同，说滕文公懂道理。到了举行葬礼时，诸侯和来宾都来观礼，滕文公容颜的悲戚、哭泣的哀伤，令前来吊丧的人非常满意。

孟子说滕文公

第四部分 《劝孝歌》选编

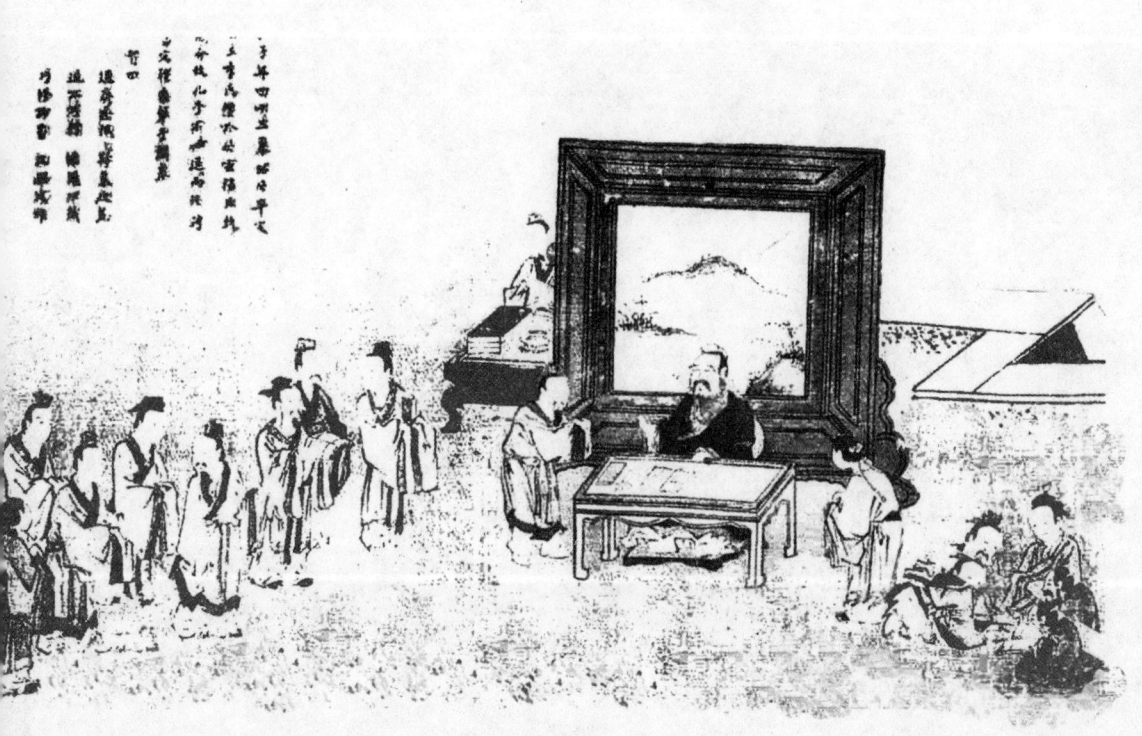

一、劝孝歌

孝为百行首，诗书不胜录。
富贵与贫贱，俱可追芳躅。
若不尽孝道，何以分人畜？
我今述俚言，为汝效忠告。
百骸未成人，十月怀母腹。
渴饮母之血，饥食母之肉。
儿身将欲生，母身如在狱。
惟恐生产时，身为鬼眷属。
一旦见儿面，母命喜再续。
一种诚求心，日夜勤抚鞠。
母卧湿簟席，儿眠干裯褥。
儿睡正安稳，母不敢伸缩。
儿秽不嫌臭，儿病甘心赎。
横簪与倒冠，不暇思沐浴。
儿若能步履，举步虑颠覆。
儿若能饮食，省口恣所欲。
乳哺经三年，汗血耗千斛。
劬劳辛苦尽，儿至十五六。
性气渐刚强，行止难拘束。
衣食父经营，礼义父教育。
专望子成人，延师课诵读。
慧敏恐疲劳，愚怠忧碌碌。
有善先表暴，有过常掩护。
子出未归来，倚门继以烛。
儿行十里程，亲心千里逐。

慈母手中线

中国古代教育智慧

田真器荆

据《续齐谐记》载，隋朝时，陕西临潼有田真兄弟三人分家。财产均分后，剩下屋前一株紫荆树未分，他们约定次日将紫荆分析为三，各得其一。但次日早晨树已枯萎。田真曰："树本同株，闻将分析，所以憔悴，是人不如木也。"说罢悲不自胜。兄弟相感，遂不再分，紫荆也就重新又繁茂了。

儿长欲成婚，为访闺中淑。
媒妁费金钱，钗钏捐布粟。
一日媳入门，孝思遂衰薄。
父母面如土，妻子颜如玉。
亲责反睁眸，妻詈不为辱。
母披旧衫裙，妻着新罗绸。
父母或鳏寡，为儿守孤独。
父虑后母虐，鸾胶不再续。
母虑孤儿苦，孀怖忍寂寞。
身长不知恩，糕饵先儿属。
健不祝哽噎，病不如伸缩。
衣裳或单寒，衾绸失温燠。
风烛忽垂危，兄弟分财谷。
不思创业艰，惟道遗资薄。
忘却本与源，不念风与木。
烝尝亦虚文，宅兆何时卜？
人不孝其亲，不如禽与畜。
慈乌尚反哺，羔羊犹跪足。
人不孝其亲，不如草与木。
孝竹体寒暑，慈枝顾本末。
劝尔为人子，孝经须勤读。
王祥卧寒冰，孟宗哭枯竹。
蔡顺拾桑葚，贼为奉母粟。
杨香拯父危，虎不敢肆毒。
伯俞常泣杖，平仲身自鬻。
江革甘行佣，丁兰悲刻木。
如何今世人，不效古风俗？
何不思此身，形体谁养育？

《孝经》的教育智慧

何不思此身，德行谁式毂？
何不思此身，家业谁给足？
父母即天地，罔极难报复。
亲恩说不尽，略举粗与俗。
闻歌憬然悟，省得悲莪蓼。
勿以不孝首，枉戴人间屋。
勿以不孝身，枉着人间服。
勿以不孝口，枉食人间谷。
天地虽广大，难容忤逆族。
及早悔前非，莫待天诛戮。
万善孝为先，信奉添福禄。

母爱雕像

二、劝报亲恩篇

孟母三迁

天地重孝孝当先，一个孝字全家安。
为人须当孝父母，孝顺父母如敬天。
孝子能把父母孝，下辈孝儿照样还。
自古忠臣多孝子，君选贤臣举孝廉。
要问如何把亲孝，孝亲不止在吃穿。
孝亲不教亲生气，爱亲敬亲孝乃全。
可惜人多不知孝，怎知孝能感动天。
福禄皆因孝字得，天将孝子另眼观。
孝子贫穷终能好，不孝虽富难平安。
诸事不顺因不孝，回心复孝天理还。
孝贵心诚无它妙，孝字不分女共男。
男儿尽孝须和悦，妇女尽孝多耐烦。
爹娘面前能尽孝，一孝就是好儿男。
翁婆身上能尽孝，又落孝来又落贤。
和睦兄弟就为孝，这孝叫做顺气丸。
和睦妯娌就是孝，这孝家中大小欢。
男有百行首重孝，孝字本是百行原。
女得淑名先学孝，三从四德孝为先。
孝字传家孝是宝，孝字门高孝路宽。
能孝何在贫和富，量力尽心孝不难。
富孝鼎烹能致养，贫孝菽水可承欢。
富孝孝中有乐趣，贫孝孝中有吉缘。
富孝瑞气满潭府，贫孝祥光透清天。
孝从难处见真孝，孝心不容一时宽。
赶紧孝来孝孝孝，亲山我孝寿山天。

《孝经》的教育智慧

亲在当孝不知孝,
孝殁知孝孝难全。
生前尽孝亲心悦,
死后尽孝子心酸。
孝经孝文把孝劝,
孝父孝母孝祖先。
为人能把祖先孝,
这孝能使子孙贤。
贤孝子孙钱难买,
这孝买来不用钱。

仇英·孝经图(十二)

孝字正心心能正,孝字修身身能端。
孝字齐家家能好,孝字治国国能安。
天下儿孙尽学孝,一孝就是太平年。
戒淫戒赌都是孝,孝子成材亲心欢。
戒杀放生都是孝,能积亲寿孝通天。
惜谷惜字都是孝,能积亲福孝非凡。
真为心善是真孝,万善都在孝里边。
孝子行孝吉福护,为人不孝祸无边。
孝子在世声价重,孝子去世万古传。
此篇句句不离孝,离孝人伦难周全。
念得十遍千个孝,消灾免难百孝篇。

三、劝报亲恩篇

世上惟有孝字大，孝顺父母为一端。
欲知孝道有何尽，听我仔细对你言。
好饭先尽爹娘用，好衣先尽爹娘穿。
穷苦莫教爹娘受，忧愁莫教爹娘耽。
出入扶持须谨慎，朝夕伺候莫厌烦。
爹娘都调勿违阻，吩咐言语记心间。
呼唤应声不敢慢，诚心敬意面带欢。
大小事情须禀命，禀命再行莫自专。
时时体贴爹娘意，莫叫爹娘心挂牵。
宝局钱场休我往，花街柳巷莫游玩。
保身惜命防灾病，酒色财气不可贪。
为非作歹投阴德，惹骂爹娘心怎安。
是耕是读是买卖，安分守己就是贤。
每日清晨来相问，冷热好歹问一番。
到晚莫往旁处去，奉侍爹娘好安眠。
夏天爹娘要凉快，冬天宜暖不宜寒。
爹娘一日三顿饭，三顿茶饭留心观。
恐怕饮食失调养，有了灾病后悔难。
老人食物宜软烂，冷硬切莫往上端。
富家酒肉常不断，贫家量力进肥甘。
但愿自己受委屈，莫叫爹娘受艰难。
莫重财帛轻父母，莫受挑唆听妻言。
为人诚心把孝尽，才算世间好儿男。
万一爹娘有了过，恐怕别人笑喳咱。
委曲婉转来相劝，比东说西莫直言。

《孝经》的教育智慧

爹娘若是顾闺女，莫与姊妹结仇冤。
爹娘若是偏兄弟，想是咱身有不贤。
双全父母容易孝，孤寡父母孝难全。
白日冷清常沉闷，黑夜凄凉形影单。
亲儿亲娘容易孝，唯有继母孝更难。
继母若是性子暴，柔声下气多耐烦。
对人总说爹娘好，受屈头上有青天。
有时爹娘身得病，谨慎调养莫等闲。
煎汤熬药须亲手，不可一日离床前。
病重神前去祷告，许愿唯有善书篇。
尽心竭力来侍奉，日莫辞劳夜莫眠。
休说自己劳苦大，爹娘劳苦更在先。
人子一日长一日，爹娘一年老一年。
劝人及时把孝尽，兄弟虽多不可扳。
若待父母去世后，想着尽孝难上难。
总有猪羊灵前供，爹娘何曾到嘴边。
不如活着吃一口，粗茶淡饭也香甜。
即遭不幸出丧事，不可鼓乐闹喧天。
不尚虚文只哀恸，要紧预备好衣棺。
丧葬之后孝再行，按节祭扫把坟添。
兄弟姊妹要亲爱，亲爱兄妹九泉安。
生前死后孝尽到，为人一生大事完。
试看古来行孝者，荣华富贵福绵绵。
你看忤逆不孝顺，送到大堂板子扇。
此篇劝孝逢知己，趁早行孝莫迟延。

欧母画荻教子图

北宋时期的欧阳修在四岁那年，父亲去世了，家里的生活非常困难。他的母亲郑氏一心想让他读书，可是又没有钱，最后决定自己教儿子。她买不起纸笔，就拿荻草秆在地上写字而代替纸笔，教儿子认字。这就是历史上有名的"画荻教子"的故事。而欧阳修也真的成了杰出的文学家和史学家。

石臺孝經

四、劝报亲恩篇

从来亲恩报当先，说起亲恩大如天。
要知父母恩情大，听我从头说一番。
十月怀胎耽惊怕，临产就是生死关。
一生九死脱过去，三年乳哺受熬煎。
生来不能吃东西，食娘血脉充饭餐。
白天揣着把活做，到晚怀里揽着眠。
左边尿湿放右边，右边尿湿放左边。
左右两边全湿尽，将儿放在胸膛间。
偎干就湿身受苦，抓屎抓尿也不嫌。
孩子醒了她不睡，敞着被窝任意玩。
总然自己有点病，怕冷也难避风寒。
孩子睡着怕他醒，不敢翻身常露肩。
夏天结计蚊子咬，白天又怕蝇子餐。
又怕有人来惊动，惊得强醒不耐烦。
孩子欢喜娘也喜，孩子啼哭娘不安。
这么拍来那么哄，亲亲吻吻蜜还甜。
手里攀着怀中抱，掌上明珠是一般，
娘给梳头娘洗脸，穿衣曲顺小肘弯。
小裤小袄忙里做，冬日棉来夏日单。
不会吃饭使嘴喂，惟恐儿女受饥寒。
结计冷来结计热，结计吃来结计穿。
娘疼孩儿心使碎，孩儿不觉只贪玩。
长大成人往回想，恩情难报这三年。
富家养儿还容易，贫家养儿更是难。
无有烧烟无有米，儿女啼饥娘心酸。

《孝经》的教育智慧

万般出于无其奈，寻茶讨饭到街前。
要下饭来儿先饱，娘就忍饥也心甘。
冬天做件破棉袄，自己冻着尽儿穿。
娘为孩儿受冻饿，孩子小时不知难。
长大成人往回想，无有爹娘谁可怜？
有时发热出痘疹，吓得爹娘心胆寒。
寻找医生求人看，煎汤熬药祷告天。
恨不能够替儿病，吃饭不饱睡不眠。
多咎孩子好伶俐，这才昼夜能安然。
三岁两岁才学走，恐有跌磕落伤残。
五岁六岁离怀抱，任意在外跑着玩。
一时不见儿的面，眼跳心慌坐不安。
东家寻来西家找，怕是有人欺负咱。
结计狗咬并车轧，只怕寻河到井边。
父母爱儿无有了，想想爹娘那一番。
小篇不过说大意，千言万语说不全。
十岁八岁快成人，送到南学读书文。
笔墨纸张不惜费，束修摊派不辞贫。
三顿饱饭供给你，衣裳穿个干净新。
家中有活不教做，给奖为儿自辛勤。
结计学生合格气，又怕先生怒气嗔。
结计孩子身受苦，又怕到大不如人。
儿在南学把书念，哪知爹娘常挂心。
十四五六成大人，便要与儿结婚姻。
托个媒人当月老，访求淑女配成婚。
纳采行聘都情愿，钗环首饰费金银。
择个吉日将过事，逐日忙忙操碎心。
油门油窗顶棚绑，洞房裱糊一色新。

仇英·孝经图（十三）

中国古代教育智慧

岳母刺字

时样缨帽买一顶，可体袍褂做一身。
鼓乐喧天门前闹，摆席候客忙煞人。
说的本是富家主，再说贫家父母心。
少吃缺穿难度日，一心给儿把妻寻。
借钱使礼也愿娶，千方百计娶进门。
娶个好的是福利，若是不贤是祸根。
枕边挑唆几句话，当下儿子变了心。
媳妇好比珠宝玉，父母如同陌路人。
待上二年生下子，更忘爹娘把儿亲。
何人与你把妻娶？何人与你过的门？
花费银钱是哪个？操心劳力是何人？
拍拍胸膛仔细想，孰轻孰重孰为尊？
养儿准备防备老，养儿不知报娘恩。
没有爹娘生下你，世上怎有你这身？
没有爹娘养你大，怎在世间成个人？
为儿若把爹娘忘，好比花木烂了根。
如果不把亲恩报，扬头竖脑为何人？
不孝之人世上有，天打雷劈也是真。
为儿若有别的意，指望劝人动动心。
如若你把亲恩报，下边定出好儿孙。

五、劝报亲恩篇

奉劝世人你是听，五伦之内有弟兄。
为人在世兄爱弟，在世为人弟敬兄。
三人哭活紫荆树，於今成神在天宫。
桃园结义是异姓，何况同父同母生？
同母固然是兄弟，两母兄弟一般同。
莫因嫡庶分彼此，弄得兄弟犯制争。
莫因前事生疑忌，闹得兄弟伤真情。
莫因妯娌不和气，兄弟参商各西东。
莫因奴仆传闲话，兄弟界墙把气生。
倘若哥哥性子暴，不过忍些肚里疼。
为弟若是不说理，宽宏大量把他容。
牛宏待着他弟好，身居相位显大功。
彦霄待着他哥好，父子同榜把官封。
兄好弟好有好报，许多古人难说清。
沈仁沈义兄弟俩，二人俱是翰林公。
因为家产犯争执，不念兄弟手足情。
一齐上控到抚宪，抚宪广劝不动刑。
五伦五常对他讲，飞禽走兽比给听。
比东说西劝一遍，兄弟二人放悲声。
大堂以上哭一抱，越思越想越伤情。
翰林院里为学士，反把手足情看轻。
兄弟回家成义气，后来俱齐把官升。
兄弟和好能得好，老天最重这一宗。
兄弟和睦爹娘悦，就是外人也敬奉。
兄弟和睦是榜样，眼看儿孙又弟兄。
兄宽弟忍听我劝，和气致祥福禄增。

彦霄析箸

晋朝时有赵彦云和赵彦霄兄弟两人。父母死后，两兄弟同镬吃饭十二年。后来赵彦云喜欢游荡，废弃了正当的职业。弟弟去劝他，他总是不肯听，于是赵彦霄就要求分家。两兄弟分了家以后五年，哥哥的家产都用光了，欠债很多，来讨债的人把门槛都踏断了。哥哥因为没有办法还债，就想逃走。赵彦霄知道此事后，备了酒席请哥哥和嫂嫂过来吃，并对他们说，起初并没有要分家的心思，不过因为哥哥用度太不节省，所以要求分家，也是想把先人遗下来的产业保存一半。现在就把他所保存的归还了。所以，现在仍旧请哥哥和嫂嫂来主持家里内外的事务。说完话，就把当初分财产的契约拿出来，用火烧掉了。又拿出了积蓄下的钱，给哥哥偿还了债务。赵彦云看到他弟弟这样的行为，不知不觉也惭愧起来，从此改过，不再放荡。

瓷瓶百孝篇

六、劝报亲恩篇

父母恩情似海深，人生莫忘父母恩。
生儿育女循环理，世代相传自古今。
为人子女要孝顺，不孝之人罪逆天。
家贫才能出孝子，鸟兽尚知哺育恩。
父子原是骨肉亲，爹娘不敬敬何人？
养育之恩不图报，望子成龙白费心。

第五部分 《二十四孝》选编

一、孝感动天

虞舜，瞽瞍之子。性至孝。父顽，母嚚，弟象傲。舜耕于历山，有象为之耕，鸟为之耘。其孝感如此。帝尧闻之，事以九男，妻以二女，遂以天下让焉。

队队春耕象，纷纷耘草禽。
嗣尧登宝位，孝感动天心。

【故事】

舜孝感动天

舜是中国历史上的古帝王之一，相传他在二十岁的时候名气就很大了，他是以孝行而闻名的。因为能对虐待、迫害他的父母坚守孝道，因此大家都认为他是一个德行很好的人。当时，尧打算征询继任人选，人们就推荐了舜。在将帝位禅让之前，尧决定考察舜。他将两个女儿嫁给舜，以考察他的品行和能力。舜不但使二女与全家和睦相处，而且在各方面都表现出了卓越的才干和高尚的人格魅力。只要是他劳作的地方，便兴起礼让的风尚；制作陶器，也能带动周围的人认真从事，精益求精，杜绝粗制滥造的现象。他到了哪里，人们都愿意追随。尧得知这些情况后很高兴，赐予舜衣服和琴，赐予了许多的牛羊，还为他修筑了仓房。舜得到了这些赏赐，他的父亲瞽瞍、

舜孝感动天

中国古代教育智慧

二十四孝·孝感动天

继母和继母的亲生儿子象很是嫉妒，他们想杀掉舜而霸占这些财物。瞽叟让舜修补仓房的屋顶，却在下面纵火焚烧仓房。舜想下来却发现梯子已经被人搬走了，舜只好靠两只遮太阳用的斗笠作翼，从房上跳下，幸免于难。后来瞽叟等还是不死心，又让舜掘井，井挖得很深了，瞽叟和象却在上面往井里填土，想将舜活埋在里面。幸亏舜事先有所警觉，在井旁边挖了一条通道，从通道里逃出，躲了一段时间。瞽叟和象以为阴谋得逞，便回去将舜的家产给瓜分了。象霸占了舜的琴，还要尧的两个女儿给他做妻子。瞽叟和继母霸占了舜的牛羊和仓房。象想住进舜的房子，刚进门就看见舜正在弹琴，象大吃一惊，心里非常不高兴，嘴里却说："我正在想念你呢！"舜也不放在心上，若无其事地并不追究父亲同弟弟要合伙谋杀自己的事情，而是一如既往孝顺父母、友爱兄弟，而且比以前更加诚恳谨慎。瞽叟和象再也不敢暗害舜了。

舜在家里人要加害于他的时候，及时逃避；稍有好转，又马上回到他们身边，尽可能给予帮助，所以是"欲杀，不可得；即求，尝（常）在侧"。身世如此不幸，环境如此恶劣，舜却能表现出非凡的品德，处理好家庭关系，舜的仁孝也被后人称颂，他成为了仁德的化身。

二、戏彩娱亲

周老莱子，至孝，奉二亲，极其甘脆，行年七十，言不称老。常著五色斑斓之衣，为婴儿戏于亲侧。又尝取水上堂，诈跌卧地，作婴儿啼，以娱亲意。

戏舞学娇痴，春风动彩衣。

双亲开口笑，喜色满庭闹。

【故事】

老莱子戏彩娱亲

老莱子戏彩娱亲

春秋时期，楚国有位隐士，名叫老莱子。这个老莱子非常孝顺父母，对父母体贴入微，千方百计讨父母的欢心。

为了让父母过得快乐，老莱子特地养了几只美丽善叫的鸟让父母玩耍。他自己也经常会引逗鸟儿，让鸟儿发出动听的叫声。父亲听了很高兴，总是笑着说："这鸟声真动听！"老莱子见父母脸上有笑容，心里也非常高兴。

老莱子其实也不小了，已经年过七十。一次，父母看着儿子的花白头发，叹口气说："连儿子都这么老了，我们在世的日子也不长了。"

老莱子害怕父母担忧，想着法子让父母高兴。他专门做了一套五彩斑斓的衣服，走路时也装着跳舞的样子，父母看了乐呵呵的。

中国古代教育智慧

二十四孝·戏彩娱亲

一天,他为父母取浆上堂,不小心跌了一跤。他害怕父母伤心,故意装着婴儿啼哭的声音,并在地上打滚。父母还真的以为他是故意跌倒打滚的,见他老也爬不起来,笑着说:"莱子真好玩啊,快起来吧。"

三、鹿乳奉亲

周剡子，性至孝。父母年老，俱患双眼，思食鹿乳。剡子乃衣鹿皮，去深山，入鹿群之中，取鹿乳供亲。猎者见而欲射之。剡子具以情告，以免。

亲老思鹿乳，身挂褐毛衣。
若不高声语，山中带箭归。

【故事】

郯子鹿乳奉亲

郯子鹿乳奉亲

郯子是我国东周时期郯国这个小国家的国君，他的孝名远近闻名。

他的父母年事已高，都患了很严重的眼疾，郯子非常着急，为了救治父母的病想方设法四处求医。

他听医生说，治这种病最好的办法是食用鹿乳。但是，鹿乳在集市上不能买到，到哪儿去找？即使是到深山里去找，鹿见到人，早一溜烟儿逃走了！怎么办呢？郯子冥思苦想，终于想到了一个办法。他化了装，找来一张鹿皮披在身上，还在头上安了假角，然后趴在地上左蹦右跳的，远远看去，极像一头顽皮的小鹿。郯子就这样扮成小鹿，学着鹿走路的样子，学着鹿"呦呦"的叫，骗取鹿的信任，混进了鹿群中，取母鹿的乳汁给父母治病。

中国古代教育智慧

二十四孝·鹿乳奉亲

一次，他在取鹿乳的时候忽然发现林中有一支箭对准了自己，顿时意识到，那是猎人的箭，猎人并不知道他是"一只假鹿"。慌忙中他赶紧站起来，迎着箭大喊"别射！别射！我是人！"于是，他将挤取鹿乳为双亲医病的实情告知猎人，猎人敬他孝顺，以鹿乳相赠，护送他出山，还表示以后再也不射杀鹿了。

《孝经》的教育智慧

四、为亲负米

周仲由，字子路。家贫，常食藜藿之食，为亲负米百里之外。亲殁，南游于楚，从车百乘，积粟万钟，累茵而坐，列鼎而食，乃叹曰："虽欲食藜藿，为亲负米，不可得也。"

负米供旨甘，宁辞百里遥。
身荣亲已殁，犹念旧劬劳。

【故事】

仲由负米孝父母

孔子有个学生叫仲由（子路），非常孝敬父母。他出生在一个贫苦之家，从小家境贫寒，生活非常节俭，一家人只能吃野菜度日。仲由觉得自己吃野菜没关系，但非常担心父母年纪大了营养不够，身体会越来越差。

为了改善家里的生活，让父母吃上米饭，仲由下决心到百里之外的集市上去买米。每次买米他都要走很远的山路，然后再背着沉重的米袋赶回家里，奉养双亲。他一年四季经常如此，夏天，烈日炎炎，汗流浃背，仲由都不停下来歇息一会儿，只为了能早点回家给父母做可口的饭菜。冬天，他顶着鹅毛大雪，踏着河面上的冰，一步一滑地往前走，脚都被冻僵了。抱着米袋的双手实在冻得不行，便停下来，放在嘴边暖暖，然后继续赶路。遇到大雨

仲由为亲负米

中国古代教育智慧

二十四孝·为亲负米

时,仲由就把米袋藏在自己的衣服里,宁愿淋湿自己也不让大雨淋到米袋。无论怎样艰苦仲由都坚持不懈,并不觉得侍奉双亲辛苦,反而甘之如饴。

在仲由的精心照料下,父母度过了安详的晚年。当父母双双过世后,他南下到了楚国。楚王聘他当官,给了他很优厚的待遇。每年给的俸禄非常多,出门就有上百辆马车跟随,每天山珍海味不断,过着富足的生活。但仲由并没有因为物质条件好而感到快乐,反而时常感叹:"父母已经不在了,我有再好的生活,父母也享受不到了。"他是多么希望父母能在世,和他一起过好生活,可是父母已经不在了,即使他想负米百里之外奉养双亲,都永远不可能了。

五、啮指心痛

周曾参，字子舆，事母至孝。参尝采薪山中，家有客至。母无措，望参不还，乃啮其指。参忽心痛，负薪以归，跪问其故。母曰："有急客至，吾啮指以悟汝尔。"

母指才方啮，儿心痛不禁。
负薪归未晚，骨肉至情深。

【故事】

啮指心痛

曾参，字子舆，春秋时期鲁国人，孔子的得意弟子，世称"曾子"，以孝著称。曾参年少时家里比较贫穷，经常要到山里打柴，然后拿到集市上卖，以添补家用。

有一天，曾参正在山里打柴，家里突然来了一个客人，母亲无力招待，一时间手足无措，巴望着曾参快点回家，又总不见他的身影。她焦急万分，情急之下狠狠地咬了一下自己的手指。常言道："十指连心，母子是命。"正奋力砍柴的曾参忽然心痛难忍，想念起家里的母亲来，背起柴薪飞奔回了家。

一进家门，只见母亲坐着呆望门外，忙跪问有什么事情。母亲告诉他："刚才家里来了客人，我没办法接待，急了咬自己的手指以引起你的感应，让你早点回来，你快去招待客人吧。"

啮指心痛

中国古代教育智慧

二十四孝·啮指心痛

后来，曾参跟随孔子游学到楚国，一天又忽地心痛起来，于是急忙告辞老师回家，问母亲有什么事情。母亲说："我思念你心切，又不知你什么时候回来，又愁又急，无可奈何之中又咬了手指，不料你果然回来了，这样我的心也就宽慰了。"曾参羞愧难当，自此终日侍奉在母亲身边，不再外出远游。

六、单衣顺母

周闵损,字子骞,早丧母。父娶后母,生二子,衣以绵絮;妒损,衣以芦花。父令损御车,体寒,失靷。父察知故,欲出后母。损曰:"母在一子寒,母去三子单。"母闻,悔改。

闵氏有贤郎,何曾怨晚娘?
尊前贤母在,三子免风霜。

【故事】

闵损单衣顺母

闵损单衣顺母

闵损,字子骞,春秋时期鲁国人,是孔子的学生。他的德行与颜渊并称,但他的孝悌更为人所称颂。孔子曾赞扬他说:"孝哉,闵子骞!"

闵损早年即丧母,后来,父亲娶了后母,后母又生了两个弟弟。后母很不喜欢闵损,经常在父亲面前说他的坏话,挑拨他们父子俩的关系。寒冷的冬天来了,后母给两个弟弟缝制了厚厚的绵衣,而给闵损做的绵衣里塞的却是芦花,不能御寒。闵损常常冷得蜷作一团,但他什么也没说。一天,父亲要外出了,让闵损给他驾驭车马。凛冽的寒风呼呼地刮过,闵损冻得哆哆嗦嗦,连缰绳都握不住,掉到了地上。父亲大怒,举起手里的鞭子便抽打起了他。哪知闵损的棉衣布料是那样的单薄,父亲

中国古代教育智慧

二十四孝·单衣顺母

只几下便将它抽烂了，里面的芦花露了出来，父亲怔住了，这才明白了一切。

回到家，父亲便想休了后母，闵损忙跪下来对父亲说："有母亲在，只有我一个人受冻。如果母亲走了，两个弟弟也只有单衣穿，这样我们三个都会受冻的。请求父亲让母亲留下来吧！"后母听说此事后非常感动，羞愧于自己以前的言行，从此视闵损如同己出。

七、亲尝汤药

前汉文帝，名恒，高祖第三子，初封代王。生母薄太后，帝奉养无怠。母常病，三年，帝目不交睫，衣不解带，汤药非口亲尝弗进。仁孝闻天下。

仁孝临天下，巍巍冠百王。
莫庭事贤母，汤药必亲尝。

【故事】

汉文帝侍母尝药

汉文帝刘恒是历史上有名的仁孝皇帝，他侍母尝药的故事被后世广为流传。文帝的母亲薄姬虽不是正宫皇后，但她秉性仁善，深得朝中大臣称道。汉文帝坚持以仁孝治理天下，平日里，他身体力行，每天都会向母亲问安，在百忙之中也要抽出时间陪伴在母亲左右。在文帝心中，始终把侍母尽孝当成自己生命中的大事。

有一次，母亲不幸病倒了，文帝请来最好的医生给太后诊治，宫廷内外也都为尽早医好太后的病而各尽所能。此时此刻，文帝焦急万分，他深恐母亲一病不起，甚至会离自己而去。文帝时刻牵挂着母亲，他不放心宫女们照顾母亲。只要是完成了公务，便会来到母亲的寝宫，守护在母亲床前亲自照顾。看到母亲因

汉文帝亲尝汤药

中国古代教育智慧

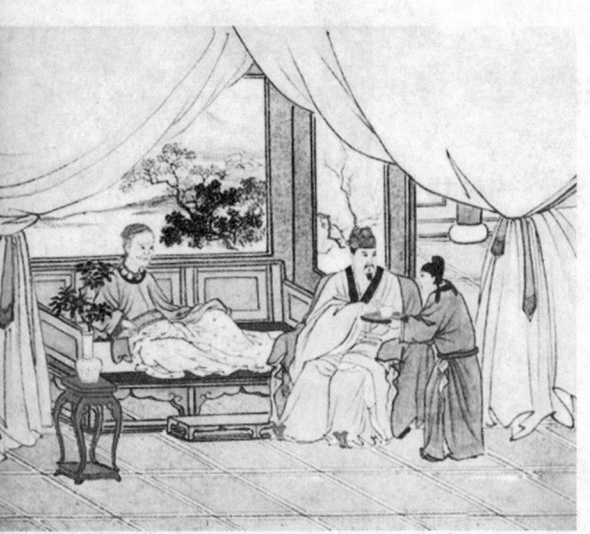

二十四孝·亲尝汤药

病痛折磨而日益憔悴的面容，文帝食不甘味、夜不能眠。他亲自为母亲端水送药，一心想着让母亲尽快好起来。在侍奉母亲的三年里，身为一国之君的汉文帝几乎没有睡过一个安稳觉。即使是在休息时，文帝也从不宽衣解带，生怕在母亲呼唤时不能及时应母亲之需。为了更好地照顾母亲，文帝还学习了所用汤药的药效、剂量，而且牢记于心。母亲每次服药前，文帝必会亲自品尝，品一品熬煮的浓度是否适当、温度是否合适，然后再嘱咐进行调制调温，直到适宜母亲服用之后才会放心地端给母亲。母亲在文帝三年如一日的侍奉护理下，病情终于有了好转。

人们常说，久病床前无孝子。对病人三年无微不至地照顾，对一个人来讲确实是一件不容易做到的事。可是，一位管理着天下万民的君王却能够真正做到三年如一日地悉心侍奉，追其根源，这都是由于他有一颗真挚的孝敬之心。汉文帝以一颗拳拳孝子之心，以侍母尝药的孝行，为天下百姓做出了侍母报恩的榜样。

八、拾葚供亲

汉蔡顺，少孤，事母至孝。遭王莽乱，岁荒不给，拾桑葚，以异器盛之。赤眉贼见而问之。顺曰："黑者奉母，赤者自食。"贼悯其孝，以白米二斗牛蹄一只与之。

黑葚奉萱闱，啼饥泪满衣。
赤眉知孝顺，牛米赠君归。

【故事】

蔡顺拾葚供亲

蔡顺拾葚供亲

蔡顺，字君仲，西汉末年汝南人。他少年丧父，侍母至孝，因躲避王莽兵祸逃难来到了椹涧。谁知这里也因连年兵祸而土地荒芜，百姓流离失所。母子二人的日子过得很艰难。为了能够活下去，蔡顺留母亲在家，自己则天天外出讨饭，讨到好一些的食物便会带回家给母亲吃，自己则只吃些野菜剩粥充饥。后来，樊崇率领的赤眉农民起义军打到许昌，把军营安在椹涧境内的熊耳山进行整编。当时老百姓因害怕军队抢掠，逃的逃，躲的躲。这样，本来就以要饭为生的蔡顺生活更加艰难了，经常是跑了很远还讨不到一口吃的。太阳落山了，蔡顺还没有返家。母亲惦念儿子，就坐在村头等候，故而今天菜园村西的三冈上还存有"等子寺"的遗迹。

中国古代教育智慧

二十四孝·拾葚供亲

有一次,蔡顺饥肠辘辘地走了一天,还是没能讨到吃的。忽然,他发现一片桑林,地上落有不少桑葚,便如获至宝,忙捡拾起来。他把黑紫色的和青红色的分开放入篮中,欢欢喜喜地往家赶。不料回家途中他遇到一队赤眉军。军士们见他篮内的桑果按颜色分作两处,好生奇怪,问其缘故。蔡顺说:"黑紫色的是成熟的果子,味道甜,带回家给母亲吃;青红色的发酸,留着自己吃。母亲年纪大了,眼睛不好使,分开来,让她好拿。"赤眉军士兵看到蔡顺如此孝敬母亲,不禁思念起家乡的亲人来,也就不想再四处征战,想回到父母身边尽孝。于是,士兵们就在营寨旁的小河边洗掉眉毛上涂的红颜色,高高兴兴地回家了。因此,当地群众就称这条河为"洗眉河"。

九、卖身葬父

汉董永,家贫。父死,卖身贷钱而葬。及去偿工,途遇一妇,求为永妻。俱至主家,令织缣三百匹,乃回。一月完成,归至槐阴会所,遂辞永而去。

葬父贷孔兄,仙姬陌上逢。
织缣偿债主,孝感动苍穹。

【故事】

董永卖身葬父遇巧妻

董永卖身葬父

汉朝时有个叫董永的人,他幼年丧母,与父亲相依为命。家里虽然很穷,但董永特别孝顺,父子俩的日子过得倒也和美。无奈天有不测风云,老父亲一病不起,离开了人世。董永伤心万分,哭得死去活来。更难办的事情是为了医治父亲的病,家里已经一贫如洗,连给父亲买棺材的钱都没有了,怎么安葬老人,尽人子之孝呢?他实在无计可施,最终决定卖身葬父。

一个地主怜悯他,又见他诚实憨厚,便买下了他。董永用卖身的钱给父亲办了丧事,然后在父亲墓前搭了一间草棚,虔诚地为父亲守孝。三年孝满,他便去履行卖身契约,到地主家去当长工抵债。

他在去地主家的路上,坐在一棵老槐树下

中国古代教育智慧

二十四孝·卖身葬父

休息时遇到了一个女子,她主动要嫁给董永为妻,并与他一起去地主家抵债。地主告诉他们,只有织出三百匹细绢来才可以让董永赎身回家。不想,那女子心灵手巧,一个月便将细绢织成。这样,董永就带着妻子高高兴兴回家去了。谁知,刚到那棵老槐树下,妻子便辞别董永,凌空飞去。原来是董永的孝心感动了玉皇大帝,为此派织女来帮助他。

十、刻木事亲

汉丁兰，幼丧父母，未得奉养，而思念劬劳之因，刻木为像，事之如生。其妻久而不敬，以针戏刺其指，血出。木像见兰，眼中垂泪。兰问得其情，遂将妻弃之。

刻木为父母，形容在日时。

寄言诸子侄，各要孝亲闱。

【故事】

丁兰刻木事亲

丁兰，相传为东汉时期河内人。很小的时候他就父母双亡，成了孤儿。丁兰一个人长大，吃尽了苦头，也领略了人生的各种酸甜苦辣，为此他经常会思念父母的养育之恩。于是，他用木头刻成双亲的雕像，供奉于厅堂。平日里，他事之如生，虔诚孝顺，凡事均和木像商议，出门必向木像辞别，回家时必向木像请安。每日三餐都是敬过双亲后自己方才食用。

丁兰对待木像的感情，让他的妻子很不理解，因为她没见过公婆，不知道怎样尽妇道。时间久了，妻子对木像便不太恭敬了。一日，丁兰又出门了，他的妻子竟好奇地用针刺木像的手指，而木像的手指居然有血流出。丁兰回家后，看到木像似乎有无限的悲哀和委屈，眼中垂泪，便赶紧询问妻子发生了什么事情，妻子坦白相告，丁兰十分生气，一气之下将妻子休掉了。

二十四孝·刻木事亲

十一、涌泉跃鲤

汉姜诗,事母至孝;妻庞氏,奉姑尤谨。母性好饮江水,去舍六七里,妻出汲以奉之;又嗜鱼脍,夫妇常作;又不能独食,召邻母共食。舍侧忽有涌泉,味如江水,日跃双鲤,取以供。

  舍侧甘泉出,一朝双鲤鱼。
  子能事其母,妇更孝于姑。

【故事】

姜诗涌泉跃鲤

西汉时期广汉的姜诗很孝敬母亲,他的妻子庞氏勤劳笃厚,对待婆婆也十分恭敬孝顺。姜母喜欢饮用沱江的水,庞氏便常常到江边打水给婆婆喝,而沱江离他们家有六七里远,这样庞氏每天都得往返十几里路,但她风雨无阻从不间断。

有一天狂风暴雨肆虐,天气十分恶劣,庞氏仍一如既往到沱江担水。但风雨实在太大了,瘦小的庞氏如何受得了,于是昏倒在了江边。好不容易才醒过来,又赶忙提起桶,重新打了江水往回赶。因为回家太晚,婆婆却有点不通情理,责骂了她,但她毫无怨言,反而侍奉得更殷勤了。婆婆终于意识到自己的不是,从此一家人更加恩爱和睦。

涌泉跃鲤砖雕

《孝经》的教育智慧

婆婆还有一个爱好,她喜好吃鱼,并要人陪着,声称那样吃才有味道。夫妇俩尽力满足老人的嗜好,每天都会烧鱼给母亲吃,并请来邻家的老大娘陪着她一起吃。三五天无所谓,时间长了可就麻烦了,庞氏每天又要担水,又要烧鱼,忙都忙不过来,而且还要经常买鱼,经济上也承受不了,可又不敢怠慢母亲,这可怎么办呢?

二十四孝·涌泉跃鲤

正当他们一筹莫展时,他们家屋后突然冒出了一股泉水,泉水如同沱江水一样清澈、甘甜,而且每天清晨,泉水里一定会冒出两条大鲤鱼来,活蹦乱跳的。夫妻俩高兴极了,于是每天便用新鲜的泉水和鲜嫩的鲤鱼孝敬母亲,不敢有丝毫松懈。

中国古代教育智慧

十二、怀桔遗亲

陆绩怀桔遗亲

后汉陆绩,年六岁,于九江见袁术。术出桔饷之,绩怀桔二枚。及归,拜辞堕地。术曰:"陆郎作宾客而怀桔乎?"绩跪答曰:"吾母性之所爱,欲归以遗母。"术大奇之。

孝悌皆天性,人间六岁儿。

袖中怀绿桔,遗母报乳哺。

【故事】

陆绩怀桔遗亲

后汉时期的陆绩,是当时的天文学家。他自小受父亲高风亮节的熏陶,深懂忠义孝悌之道。

陆绩聪明伶俐,酷爱读书,博学多识,人称"神童",颇有名气。六岁那年,他去九江拜见大名鼎鼎的袁术,一点也不怯场。袁术提的问题,他侃侃而谈,不卑不亢。袁术惊叹于小陆绩的才学,破例地给他赐坐,还命人端来一盘桔子。那桔子圆圆的、大大的,皮色金黄,肉肥汁多,味道极美。陆绩悄悄地往怀里塞了两个,在场的人谁也没有注意到。

一席长谈之后,袁术对他的才华非常满意。不想拜别时,他却不慎将怀中的桔子滚到了地上。袁术开始时吓了一大跳,以为那是什么"暗器",待看清楚之后不禁大笑说:"陆

《孝经》的教育智慧

绩,今天你是我的贵客,怎么还偷桔子呢?"陆绩不慌不忙回答道:"我母亲爱吃桔子,您的桔子太好吃了,我想拿回家去给母亲尝个新鲜。"他振振有辞,神色自若,一点也不显得难堪。因为在他心目中,母亲是伟大而神圣的,儿子孝顺母亲天经地义,没什么见不得人的。袁术听了陆绩的回答,惊奇不已,意识到陆绩将来肯定是个不同凡响的人物。后来的事实证明,的确如此。

二十四孝·怀桔遗亲

中国古代教育智慧

黄香扇枕温衾

十三、扇枕温衾

后汉黄香，年九岁，失母，思慕惟切，乡人称其孝。躬执勤苦，事父尽孝。夏天暑热，扇凉其枕簟；冬天寒冷，以身暖其被席。太守刘护表而异之。

冬月温衾暖，炎天扇枕凉。

儿童知子职，知古一黄香。

【故事】

黄香扇枕温衾

后汉时期的黄香，自小便在父母的宠爱下成长。可是当他九岁的时候，慈爱的母亲突然染病身亡。黄香一时间接受不了这个事实，日夜思念母亲，形容日见憔悴。因母亲不在，黄香小小年纪就得操持家务。非但如此，他还恭敬地侍奉父亲，极尽孝道，天天给父亲做饭、洗衣，千方百计让父亲吃好穿暖。

夏天天气格外炎热，为了能让父亲睡个安稳觉，每次父亲睡觉前，小黄香都会用扇子为父亲将枕席扇凉；寒冷的冬天，他总是先钻进被子，用自己的身体给父亲暖热被褥，随后才叫父亲上床歇息。太守刘护得知了他的孝行，非常惊讶，对他进行了表彰，并将他树为榜样，号召全郡守的儿童都来向他学习。后来，他的事迹被编入《三字经》中，供后人作为启蒙时期的学习资料。

十四、行佣供母

后汉江革,少失父,独与母居。遭乱,负母逃难。数遇贼,或欲劫将去,革辄泣告有老母在,贼不忍杀。转客下邳,贫穷裸跣,行佣供母。母便身之物,莫不毕给。

负母逃危难,穷途贼犯频。

哀求俱得免,佣力以供亲。

【故事】

江革行佣供母

后汉时期有一位叫江革的人,从小便失去了父亲,独自与母亲住在一起,相依为命。

时逢乱世,战争逼迫得人们到处逃难,江革背着母亲也加入了逃难者的行列。他们一路颠沛流离,盗贼见他身强力壮,想将他劫去,强迫他去服劳役。江革哭着哀告,诉说自己老母尚在,无人奉养,请求他们放他一条生路。盗贼见他这样孝顺,也起了恻隐之心,不忍杀他。

后来,江革辗转到了江苏邳县,生活越发困顿,甚至连双鞋都没有,该如何奉养母亲?他来到一个富裕人家当佣人,每天天不亮便开始担水、劈柴、烧火、做饭、牧马放牛,不分昼夜地干活儿。江革将挣来的钱全部用来给母亲添置各种物什,母亲所需的样样齐备了,他却舍不得将钱花在自己身上。

江革行佣供母

十五、闻雷泣墓

王裒闻雷泣墓

魏王裒,事亲至孝。母存日,性怕雷,既卒,殡葬于山林。每遇风雨,闻阿香响震之声,即奔至墓所,拜跪泣告曰:"裒在此,母亲勿惧。"

慈母怕闻雷,冰魂宿夜台。

阿香时一震,到墓绕千回。

【故事】

王裒闻雷泣墓

三国时魏国的王裒,小小年纪便懂得敬重、孝顺父母。他的父亲王仪因正直敢言,被骄横跋扈的晋王司马昭无辜杀害。小王裒在母亲的抚育下渐渐长大,他将全部的爱心和孝心都放到了母亲身上。除了亲自照料母亲的饮食起居外,他还常陪她说话,逗她开心,以解除老人精神上的孤独和凄苦。母亲病了,他日夜侍候在床前,衣不解带地喂汤喂药。母亲生性害怕打雷,每当下雨打雷的时候,他便将门窗关得严严实实的,拉着她的手,绝不离开半步。

多少年以后,王裒的母亲久病不治,溘然长逝。他悲痛万分,将父母合葬一处,虔诚恭谨地守丧尽孝,每天早晚都会到墓前祭奠。他惦记着母亲怕雷的事情,每当刮风下雨的天气，一听到轰隆隆的雷声便会狂奔到父母的墓地，跪拜着哭诉说："儿子王裒在此，母亲您千万别怕！"王裒对父母的感情可谓至深至厚，每当读到《诗经·蓼莪》这一篇中"哀哀父母，生我劬劳"两句时，他都会反复颂读，禁不住泪如雨下，悲不能已。

二十四孝·闻雷泣墓

十六、哭竹生笋

晋孟宗,少丧父。母老,病笃,冬日思笋煮羹食。宗无计可得,乃往竹林中,抱竹而泣。孝感天地,须臾,地裂,出笋数茎,持归作羹奉母。食毕,病愈。

泪滴朔风寒,萧萧竹数竿。
须臾冬笋出,天意报平安。

【故事】

孟宗哭竹生笋

晋朝的孟宗,很小时便失去了父亲,母亲含辛茹苦地将他拉扯大,且常教育他勤学苦读。在母亲的督促下,他终于学有所成。

孟宗非常孝敬母亲。有一年,孟母突然病了,病情日益严重,饭食难以下咽,孟宗看在眼里,急在心头。孟母原本爱吃清新鲜嫩的竹笋,如今身在病中,跟孟宗唠叨着,说想吃笋煮的羹汤之类的食物。可是,当时正值数九寒冬,万木凋零,哪有鲜嫩的竹笋啊?孟宗无计可施,只好独自跑到竹林里,然而目之所及处只有一片焦黄。想到母亲的病情,想到母亲的心愿,他不禁悲从中来,扶着竹子,放声大哭起来。

或许是其孝心感动了天地,就在孟宗哀恸得难以自持的时候,竹林里空然出现了奇迹:

孟宗哭竹笋砖雕

《孝经》的教育智慧

在他的泪水飞洒之处，竟然破土冒出一颗颗竹笋来，尖尖的、绿绿的、毛绒绒的，还沾带着露滴呢！孟宗喜出望外，马上掘出几棵竹笋抱回家，精心做成羹汤端给了母亲喝。喝着热乎乎的汤，孟母乐得眉开眼笑，病情也随之好转了。

二十四孝·哭竹生笋

十七、卧冰求鲤

晋王祥，字休证。早丧母，继母朱氏不慈。父前数谮之，由是失爱于父母。尝欲食生鱼，时天寒冰冻，祥解衣卧冰求之。冰忽自解，双鲤跃出，持归供母。

继母人间有，王祥天下无。
至今河水上，一片卧冰模。

【故事】

王祥卧冰求鲤

王祥卧冰求鲤

魏晋时期有一个孝子名叫王祥，是琅邪郡临沂县人（今天山东省临沂市的北边）。王祥的生母很早就去世了，后来他父亲又娶了一个朱家的女儿。可是，后母朱氏是个心胸狭窄且多嫉的妇人，对王祥很不好，不仅不疼爱他，反而把他看成是眼中钉，想尽办法虐待他。不久，后母也生了一个儿子，叫王览。后母只疼爱自己的孩子，更变本加厉地苛求王祥，常常在父亲面前说王祥的坏话，渐渐地连父亲也不再疼爱他了。王祥家的院子里有一棵李子树，每年都会结许多李子。后母喜欢吃李子，就派王祥去看管，如果有李子被风吹落，就用鞭子使劲打他。王祥非常小心地看护着李子树，有时候暴风雨来临他就抱着树痛哭，担心李子落下后母心疼。结果李子一颗都没有落下来。

《孝经》的教育智慧

尽管后母和父亲都对他不好，但王祥依然对父母很孝顺。父母患病的时候，他总是衣不解带、夜以继日地在旁边伺候。有一年冬天，父亲有事出远门了，后母又病了，王祥像往常一样日夜服侍。汤药煎好了，总是要自己先尝一口才给后母吃，生怕把后母烫着。在严寒的天气里，后母的病仍无起色，王祥很着急。病中的后母想吃河里新鲜的鱼。在那么严寒的天气里，外面下着雪，河里的水早已结成厚厚的冰，人们都躲在屋里吃着储藏的食物，哪儿来的新鲜鱼呢？但是为了满足后母的要求，王祥走到结了厚厚一层冰的河上想凿开厚冰捕鱼。但是冰太厚了，凿了许久也没有凿出一个洞来。王祥灵机一动，顾不得寒冷，把上衣脱了，赤着上身卧在冰河上，想以自己的体温来融化冰块。说也奇怪，大概是王祥的孝心感动了上天，他身旁的冰块忽然裂开了一道缝，有两条活生生的鲤鱼从冰缝儿跳了出来，在冰上直蹦。王祥高兴得不得了，连忙跪下来感谢老天爷，然后拿着鲤鱼跑回了家。病床上的后母，看到王祥光着上身，上身已冻得发紫，手上提着两条鱼，感动得热泪盈眶，惭愧得无地自容。后母吃了新鲜的鲤鱼后，很快病也好了。从此，后母有所感悟，对待王祥也像自己的亲儿子一样了。

二十四孝·卧冰求鲤

十八、扼虎救父

晋杨香,年十四岁,尝随父丰往田获杰粟,父为虎拽去。时香手无寸铁,惟知有父而不知有身,踊跃向前,扼持虎颈,虎亦靡然而逝,父子得免于害。

深山逢白虎,努力搏腥风。
父子俱无恙,脱离馋口中。

【故事】

杨香扼虎救父

杨香扼虎救父

在二十四孝的故事中,主人公大多是男性,而扼虎救父的故事讲的却是一个年仅14岁的少女赤手空拳置老虎于死地,其事迹可歌可泣。

杨香是晋朝时杨丰的女儿,她很小的时候母亲便去世了,父亲一人把她培养成人。在苦难中长大的杨香心地善良,十分懂事。她知道父亲抚养自己不容易,既当爹又当娘,吃了很多苦头。因此,她对父亲非常孝顺,可以说是关心备至、体贴入微。

杨香十四岁这年,随同父亲杨丰去出里割稻。这时忽然蹿出一只大老虎来,扑向杨丰,一口将他叼住。杨香急坏了,一心只想着父亲安危的她,完全忘了自己与老虎力量的悬殊,只见她猛地跳上前去,用力卡住老虎的头颈。任凭老虎怎么挣扎,她的一双小手始终像一把钳子般紧紧卡住老虎的咽喉不放。老虎终因喉咙被卡,无法呼吸,瘫倒在地上,他们父女才得以幸免于难。

十九、恣蚊饱血

晋吴猛,年八岁,事亲至孝。家贫,榻无帷帐,每夏夜,蚊多攒肤。恣渠膏血之饱,虽多,不驱之,恐去己而噬其亲也。爱亲之心至矣。

夏夜无帷帐,蚊多不敢挥。
恣渠膏血饱,免使入亲帏。

【故事】

吴猛恣蚊饱血

吴猛是晋朝时的豫章(今江西南昌)人,从小就非常孝顺父母。吴猛家里很贫穷,床榻上没有蚊帐。南方蚊子多,每到夏天,又大又黑的蚊子咬得一家人都睡不好觉。

八岁的吴猛心疼劳累了一天的父母,为了让他们睡个踏实觉,他想出了一个办法。每到晚上,吴猛就赤身睡在父母身旁。小孩子细皮嫩肉,蚊子都集聚在他身上,且越聚越多。吴猛却任蚊子叮咬吸血,一点也不驱赶。

吴猛认为蚊子吸饱了自己身上的血便不会去叮咬父母,八岁孩童的这种想法真是可笑,却让人笑不出来。虽然,其法不可取,但只有对父母爱到极点才会有"痴傻"的行为,这是一颗多么纯净的童心啊!

吴猛恣蚊饱血

中国古代教育智慧

庾黔娄尝粪心忧

二十、尝粪心忧

南齐庾黔娄,为孱陵令。到县未旬日,忽心惊汗流,即弃官归。时父疾始二日,医曰:"欲知瘥剧,但尝粪苦则佳。"黔娄尝之甜,心甚忧之。至夕,稽颡北辰求以身代父死。

到县未旬日,椿庭遗疾深。
愿将身代死,北望起忧心。

【故事】

庾黔娄尝粪心忧

南朝齐国时期的庾黔娄,是个至孝的人。

他当时担任编政令,由于政绩可嘉,被提拔为了孱县县令。其上任不到十天,忽然感到一阵心惊肉跳,冷汗直流,心想父子连心,莫不是家里出什么事了?于是当天他便辞官返程回家。

回到家里,父亲处于弥留之际,情况已明显不好。庾黔娄悄悄向医者询问父亲的病情安危,医者说:"现在还不能确定你父亲的病况,但有一个较好的测试办法,那就是尝尝他的粪便,如果是苦味,说明他病情好转希望较大。"

庾黔娄生性孝顺,不怕脏、不嫌臭,亲口尝了父亲的粪便,发现味道有点甜滑,并不苦涩。想到医者的话,他知道父亲的病情加重

· 154 ·

《孝经》的教育智慧

了,心里非常担忧,不知道该怎么办才好。病急乱投医,趁着夜深人静的时候,他悄悄跑到后院里,面对北斗星跪下,默默祷告上苍,情愿用自己的生命换取父亲的性命。而几天后父亲还是离开了人世,黔娄安葬了父亲,并守孝三年。

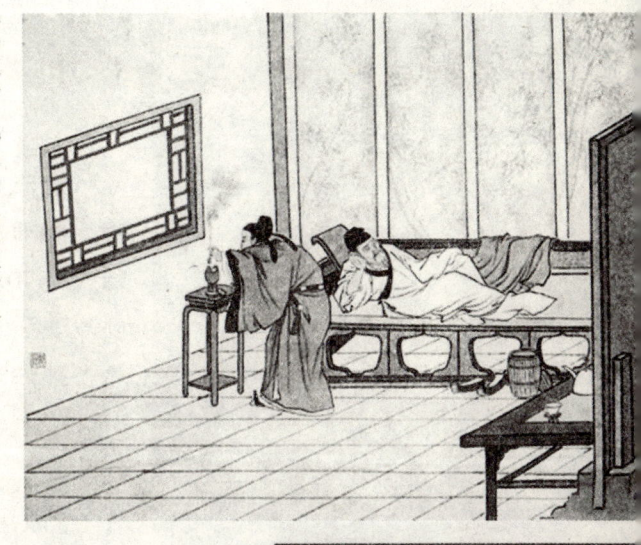

二十四孝·尝粪心忧

中国古代教育智慧

唐夫人乳姑不怠

二十一、乳姑不怠

唐崔山南曾祖母长孙夫人，年高无齿。祖母唐夫人，每日栉洗，升堂乳其姑，姑不粒食，数年而康。一日病，长幼咸集，乃宣言曰："无以报新妇恩，愿子孙妇如新妇孝敬足矣。"

孝敬崔家妇，乳姑晨盥梳。
此恩无以报，愿得子孙如。

【故事】

唐夫人乳姑不怠

晋唐朝崔山南的曾祖母长孙夫人，年龄大，牙齿都脱落了，吃东西很不方便。祖母唐夫人（即崔唐氏）很有孝心，她每天总是第一个起床，帮婆婆穿衣服，给婆婆洗脸、梳头。接着，她会小心翼翼地将婆婆搀扶到厅堂里坐下，一口一口地喂婆婆喝奶。她婆婆除了喝奶外，根本无法吃其他食物，但在唐氏的精心侍奉下，几年来身体一直都很健康。

一天，长孙夫人因年事过高而卧病不起了。她知道自己不久将离开人世，便把全家老小召集到病床前，拉着唐氏的手说："我没有什么能报答媳妇你的恩德，只愿你的儿媳妇、孙媳妇也都会像你一样，恭敬孝顺，我就心满

·156·

意足了。"

后来，崔山南荣华富贵，同样侍奉祖母，尽心尽力，无可挑剔。正如长孙夫人所说的那样，这家人的几代子孙，孝心孝行一个胜过一个，贤名流芳百世。

二十四孝·乳姑不怠

中国古代教育智慧

二十二、涤亲溺器

宋黄庭坚，元符中为太史，性至孝。身虽贵显，奉母尽诚。每夕，亲自为母涤溺器，未尝一刻不供子职。

贵显闻天下，平生孝事亲。
亲自涤溺器，不用婢妾人。

【故事】

黄庭坚涤亲溺器

黄庭坚涤亲溺器

黄庭坚是宋朝时的大诗人，他从小便十分勤奋好学，二十三岁时就考中了进士。黄庭坚一生不仅为官服务朝廷、造福天下百姓，而且还专心致力于道德学问，以非凡的文学艺术造诣为后世留下了许多著作。

黄庭坚自幼便很孝顺父母。对于奉事父母之事，无论大小，他都会认真努力做好，从来没有推辞拒绝过。黄庭坚在朝廷做官时，公务十分繁忙。虽然家里也有仆人，但他却不辞劳苦，依旧亲自来照顾母亲的生活点滴，从不懈息。每天忙完公事回来，他一定会陪在母亲身边，亲力亲为地精心侍候着母亲，事事力争都达到让母亲欢喜满意。

母亲有特别讲卫生的习惯，他就坚持每天为母亲刷洗便桶，数十年如一日，从不间断。黄庭坚的做法曾引起一些人的好奇和不理

《孝经》的教育智慧

解。有一次，有人问黄庭坚："您身居高官，又有那么多仆人，为什么要亲自来做这些杂细的事务，刷洗便桶这样卑贱的事情让下人去做不就行了么？"黄庭坚回答说："孝顺父母是我的本分事，怎能让仆人去代劳呢？再说了孝敬父母的事情是出自一个人对父母至诚感恩的天性，又怎么会有高贵与卑贱的分别呢？"黄庭坚至诚的孝心及中肯敦厚的品行，向世人无声地彰显着圣贤人的德行风范，在潜移默化之中影响着后人。

二十四孝·涤亲溺器

二十三、弃官寻母

宋朱寿昌，年七岁，生母刘氏，为嫡母所妒，出嫁。母子不相见者五十年。神宗朝，弃官入秦，与家人决，誓不见母不复还。后行次同州，得之，时母年七十余矣。

七岁生离母，参商五十年。

一朝相见面，喜气动皇天。

【故事】

朱寿昌弃官寻母

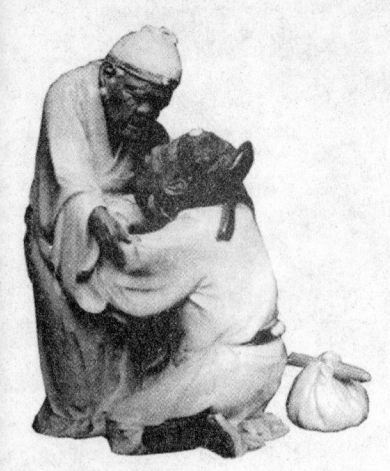

白釉弃官寻母雕

宋朝时有个读书人叫朱寿昌，他母亲刘氏是父亲的小妾，因此父亲的正妻对他母亲很排斥，更是嫉妒她有了孩子，于是就设法逼他母亲改嫁。朱寿昌七岁时，母亲就离开了他。

他长大以后，总是想着要把母亲接回来奉养，一直都没能如愿，五十年过去了也没有找到母亲。朱寿昌长大成人之后，荫袭父亲的功名，出而为官，几十年的仕途颇为顺利，先后做过陕州荆、南通荆、岳州知州、阆州知州等，但他的内心一直在想，一个人一生不能奉养母亲，非常遗憾，是大不孝，他下定决心把官职辞掉去找母亲。他对家人说，这次我去找母亲，假如找不到我就不回来了，于是他往陕西的方向一路走去。

可是，天下之大去哪儿能找到呢？走了好

《孝经》的教育智慧

久也没有母亲的下落。一日，走到一个处所，突然下起雨来，他就停在那里躲雨。刚好遇到一些人，他就跟着了魔一样，向他们询问有没有看到过像他母亲那样的人。非常巧合，他母亲就在其中。这是孝感天地，他的孝心感动得上天降下雨来，成就了他的一片孝心。后来，他就把母亲以及所有的小兄弟姐妹都接回来，一起共享天伦之乐。

二十四孝·弃官寻母

有人将朱寿昌弃官寻母之事上奏给了宋神宗赵顼，宋神宗得知了朱寿昌的事后，责令他官复原职。同时，名公巨卿如苏轼、王安石等都争相作诗文赞美他的事迹。苏轼曾有诗云："嗟君七岁知念母，怜君壮大心愈若，不受白日升青天，爱君五十长新服，儿啼却得偿当年……感君离合我酸辛，此事今无古或闻……"。王安石诗云："彩衣东笑上归船，莱氏欢娱在晚年，嗟我白头生意尽，看君今日尽凄然。"从此，朱寿昌弃官千里寻母之事就遍传天下，孝子之名得于遐迩。